男の居場所

はじめに

居心地の良い場所がなくなっている

家の居心地が良いという男性でも、真っ直ぐ自宅に帰りたくない夜が（女性も同様だが）ある。昼間は上司として部下と相対し、夜は良き家庭人として父親を演じることに、時に疲れを感じる（働く母親にも共通している）。

バブル時代と違い、会社の接待などはすっかりなくなり、ひとりでリッチな外食を楽しもうと思っても、自分の「お小遣い」にそんな経済的なゆとりなどない。他人からは良き大人、良識のある家庭人に見えても、モヤモヤした気持ちを抱え、誰にも口にできないままに暮らしている男たちは多い。

紆余曲折はあったものの、何とか会社で定年を向かえ、自宅で毎日を過ごすことになった男たちがいる。会社という組織から解放され、朝、満員の通勤電車に乗る必要がなくなった喜びに浸り、嫌というほど寝てやろうと思っていた。ところが仕事をしている時よりも早く目が覚めてしまい、（ネットを見ればいいのに）朝刊が届くのが待ち遠しいという男もいる。

定年後は妻と共に老後を過ごそうと考えていたら、妻は自分時間の過ごし方がとっくに上手くなっていて、夫が加わる隙はもはやなくなっている。夫が一日中用もなく家にいると、妻が自分をうとましく思っている心情が手に取るように伝わる。

仕事を持っていた時には、「仕事で遅くなる」とひと言いえば、深夜に帰宅してもそれで済ますことができた。だがリタイアしてみると、どこに出掛けるにも、毎回、どこへ、何をしに、誰と行き、食事はするのかしないのかまで事前に報告することが義務化する。そうなったら行き先を告げずに出掛けるなんてとうてい不可能だが、そもそも「ちょっと出てくる」用事といったら、近所の本屋かコンビニエンスストアに行くことぐらいしかない。

仕事をしていれば、出掛ける口実など必要ないのだが、そもそも仕事がないのが問題だ。自宅でありながら自分の居場所をなくしてしまい、自分にとって心地の良い別の居場所を捜し求めている男たちは大勢いる。

人生は前半戦と後半戦の2セットで勝負が決まる

社会に出る時、多くの人たちは職種ではなく企業名で就職先（入社できたかどうかは別だが）を選ぶ。世の中もその人がどんな専門性や職務に長けているのかよりも、どんな企業にいるのかで人を判断する傾向が強い。旧態依然とした職業選択方法のために、長らく日本では「良い学校」を出て「名のある大企業や公務員」として働くことがエリートとされた。しかしこれは、人生の前半戦の話に過ぎない。

定年退職すると、長寿化のお陰で有り余る時間を過ごすことになる。いかに名の知れた企業にいても、定年となれば名刺も肩書きもない「ただの人」だ。

大企業に就職せず、自身で起業した人や専門性を磨いてフリーランスで仕事をする人たちがいる。彼らに定年はなく、自分で自分に見切りをつけるまで、仕事に取り組み、収入を得ていく。大企業にいた時には、零細な事業主にしか見えなかったが、定年を迎えて無為に過ごしている自分と比べると、彼らの方が輝いて見える。

前半戦ではいかにエリートだと自負できても、人生の後半戦で何もせず無為に過ごして人生を終えてしまっては意味がない。ひょっとすると、人生の後半戦を有意義に過ごせた人たちの方こそ、人生の勝ち組かもしれない。人生は前半戦ではなく、後半戦の生き方で勝者が決まることに気づく。

本書は、人生の後半戦を視野に入れて、前半戦をどう過ごすか。また後半戦を迎えたら、有意義で居心地の良い時間をいかに過ごすかについて、探っていく。男たちにとって、有意義な時間を過せる最適な方法と居場所はどこなのか。どうすれば自分の家でも居心地良く過ごせるようになるのか。それを読者と共に考えていく。

男の居場所

目次

第3章　男だって「男」を降りたくない

第4章　人生の後半戦に男たちが直面すること

第5章　大人たちよ、居心地の良い時間と場所を見出そう

第6章　自分に最適で、居心地の良い時間と居場所を探す

第7章　人生の後半戦を楽しく過ごすために必要なこと

※本文中で紹介している施設利用料・サービス料金などは補足がない場合、基本的に税込価格になります。
※施設利用料・サービス料金は、2018年7月現在のものです。価格は変更になる場合があります。

第1章

人生には前半戦と後半戦がある

就職先や出世などの評価は、人生の通過点の評価に過ぎない

学校を卒業して時間が経つと、同窓会の知らせが届く。卒業して10～20年後の場合だと、「どんな企業に就職したのか」「どんな人と結婚したのか」「自分は勝ち組なのか、負け組なのか」「他人と比べて、外見は老け込んでいないか」「自分は人より幸せに暮らせているのか」といったことが気になり、ある程度自信のある卒業生だけが集まる。

単に昔の友人に会いたいと思って参加したら、周囲から自慢話ばかり聞かされ、自分が選んだ道が間違っていたような気持ちになり、不愉快になる場合がある。

時が流れ定年を迎えた世代の同窓会になると、その状況は一変する。企業のブランド力が自分の価値だと思って生きてきた同級生の中には、定年後どこにも再就職できず、何もせずに暮らしている男が出てくる。

その姿は生気がなく、まるで抜け殻のように見える。最年少で部長に昇格した

ことを同窓会で自慢し、自営業で働く同級生に現役時代は上から目線で話をする度量が狭小な男だった。

それなりの企業でそれなりの地位にいれば、好きになれない男でも人はつかず離れずつき合う。いつか、どこかで、その力を借りることがあるかもしれないからだ。だが役職定年を迎え、そして定年になり、再就職していなければ、周囲にいる人間はあっさりと去っていく。見下された人たちは、拠り所を失ったその男の姿を見て溜飲を下げる。

その一方、自分で事業を起こした男は、60歳を過ぎても第一線で仕事に取り組み、生気に溢れている。会社で培った実務経験を見込まれ、かつて取引先だった企業の経営者から請われて役員として迎えられ、その後グループ企業の社長になって活躍している早期退職者もいる。

長年の趣味を生かして子供たち向けに将棋教室を開き、充実した時間を過ごしている男もいる。人生の後半戦のことなど何も考えず、また準備することなく定年を迎えた男たちとは対照的だ。

学校を卒業して、どんな企業に就職し、そこでどんな地位にまで登りつめたのか。そんな尺度で人を評価する時代があった。だが、人生100年時代といわれるようになった今、定年までの時間など、単なる人生の通過点に過ぎない。

65歳でリタイアし、仮に85歳まで生きるとすると、何もしなければ小学生から大学までの16年間よりも長い20年という時間を無為に過ごすことになる。

長寿社会で定年を迎えると、長い間縛られてきた多くの制約から解き放たれ、我々は新たな道を選べる恩恵を手に入れる。

結婚し、子供が生まれ、住宅を購入すれば、その代償として経済的な余裕と裁量の自由度をなくす。

だが、子供が独立すれば（子供を持たず、自由裁量度を優先した人もいるだろうが……）、教育費という縛りからも解放される。また住宅を購入して住宅ローンを組んだ人たちも、定年前後にローンを完済し、もうひとつの縛りから解き放たれる。
子育てと教育費、そして住宅ローンから解放されると、夫婦ふたりのために再び時間とお金を使えるようになる。

人生はダブルヘッダーだ

長寿社会となったこの国で、我々の人生には前半戦と後半戦が生まれた。スポーツの試合に例えれば、前半戦と後半戦の合計得点で勝敗が決まるようになったわけだ。

試合の前半戦に得点を重ね、勝敗がついたように見えた試合で、後半戦で形勢が逆転して勝利する選手がいると、誰もが熱狂し興奮する。人生もこれとまた同じだ。

定年までいた会社で燃え尽きてしまい、定年後には何もせずに暮らす人がいる。

一方で、前半戦から周到に準備して、後半戦に力を発揮して現在も愉しく暮らす人もいる。

制約が多い前半戦ではなく、制約から解放される後半戦にどう挑むかで自分の人生が決まるなら、誰でも面白く生きたいと願うはずだ。

競争社会を勝ち抜いた勝者ほど孤独だ

同期の人間を差し置いて出世していく人は、次第に社内では孤独になっていく。社長として頂点を極めると、さらに孤独な状況に追いやられる。オーナー企業と違い、サラリーマン社長の地位は、熾烈な競争に打ち勝ってきた結果だ。それゆえ同期の人間と、仲良くしていられるはずがない。

サラリーマン社長になると、業界団体や経済団体、国や自治体など社外との新たな関係が生まれる。これまでなかったネットワークが生まれた恩恵により、専門委員や顧問に就任を要請されるなど、活動の場を広げる人もいる。

一方で、社内でしかその力を発揮できないような中間管理職は、社会との接点は非常に限られる。取引先か協力企業だけが社会との窓口になり、商品の売り買いなどビジネス上のつき合いだけでは、相手との関係が深くはなっていかない。

仕事を発注する側にいると、地位と発注する権限があるから相手はつき合うが、部署が異動になると、関係が切れてしまうことも多い。受発注という経済活動以外で、両者の関係を維持する価値を相手が見出さないためだ。

だが出会った人たちと仕事以外でも人間的な接点を持てた人には、チャンスが巡ってくる。仕事の力に加え、人との関係づくりが上手い人なら、その人を雇用したいと考えるオーナー経営者は結構多い。昨日まで仕事を発注していた企業の経営者から、請われてその企業の社員や幹部になり、給与をもらう立場になるのは稀ではない。社外の人たちは、人をよく観察している。人として魅力のある人材なら、人生の後半戦の選択肢は広がる。

強い立場で仕事をするのは、誰にでもできる。弱い人の立場を理解して仕事をしていれば、相手は絶対に忘れない。「エリート」と社内で呼ばれる人材ほど、こうした心遣いができないままに、仕事をしている。

競争社会とは、闘争社会だ。会社で出世していくことは、同期の仲間から抜きん出る必要があるため、孤独になりがちで、群れることができない。競争することが宿命ともいえる男たちは、生まれながらに群れることができず、ひとりで生きることになる。

男は結婚して子供が生まれると、その子のために、さらに社会から評価を集め、経済力を高めようと仕事に取り組む。それが高じると夕食を自宅でとることもできない時間まで仕事をする。家族みなが幸せになるために働くことが目的だったのに、家族との間に溝が生まれてしまうことさえある。

中年になると女性が元気な訳

40〜50代のミドル世代は経済的な制約が多いせいで、他の世代と比較して幸せそうな人が少ないように感じる。事実、日本では49・8歳が最も幸福度が低いことが明らかになっている。実はこの世代の幸福度が低いのは日本だけではなく、世界中で40〜50代世代の幸福度が低いことを、イギリス人のふたりの大学教授が立証した。

英国のウォリック大学のアンドルー・オズワルド教授と米国のダートマス大学のデービッド・ブランチフラワー教授が、幸福度と年齢に相関関係があるという研究結果を発表した。両教授は80カ国200万人以上を対象に調査し、40歳から50歳までの人は、20代、30代の若年層や60代以上の高齢層と比べ、幸福度が低いことを突き止めた。

この傾向は日本、英国、米国など先進国から発展途上国までほとんど変わらず、社会・経済的地位、子供や離婚経験の有無なども関係なかった。

40代に入ると男たちは仕事に脂が乗り、以前に増して仕事に注力する人が増える。それが50代になると今いる会社で先が見えてしまった人とそうでない人とに分化し、前者の背中には哀愁が漂うようになってくる。

同世代の女性たちの多くは次第に子供の手が掛からなくなり、自分の時間が生まれる。仕事に没頭する夫とは別に、有意義な時間の過ごし方に次第に長けていく。

平日の昼間、この世代の女性たちが連れ立ってランチに人気のレストランに出掛け、あるいはウインドーショッピングなど散策を楽しむ姿をよく目にする。同じように時間が生まれた者同士だから、彼女たちの会話は弾ける。

彫金教室の帰りにカフェでお茶を飲んでいるふたり組のマダムがいた。次回つくるブローチのために、どの石を買おうか相談している最中だ。第1候補はタンザナイトで、欲しいだけ買うと石代は12万円ほどになり、さらに18金の地金は7

万円くらい必要になるという。

ところが夫には「ガラス玉とメッキよ」と話すという。さらに「ウチのパパは、ジュエリーの値段なんて知らないから、説明しても無駄」とおっしゃる。夫についての話はさらに続き、「パパのコーヒーは、いつもアタシの出がらしよ。いい豆で淹れても、パパは味わかんないもん」と笑っている。

人生の前半戦で男たちが微妙な岐路に立っている時、女性たちはすでに後半戦に向けて、有意義な時間の過ごし方を、夫抜きで、しかも自力で見つけ始めている。

前半戦だけで「幸せを測る」時代は終わる

女性たちが後半戦に向けて有意義な時間を過ごし始めているのに、男たちは前半戦に掛かり切りだ。日本では「所得（経済的収入）」や「他者との比較」「社会的地位」「所有する物」などを通じて幸福度を測る時代が続いた。これは、人生が前半戦しかなかった時代の発想だ。

今、日本人のライフスタイルは画一的ではなくなり、結婚せずに独身で暮らす人がいれば、仕事をしながら子供を育てる共働き夫婦も多くなった。多様化している女性たちに対して、男性の選択肢は予想外に広がっていない。

ここに嬉しい調査結果がある。

「幸福学の父」と呼ばれ、２００８年までの34年間、アメリカのイリノイ大学の教授だったエド・ディーナー氏がまとめた「感情」と「人生の満足度」に関する世代別の結果だ。これを見ると、年を取れば取るほどネガティブな感情は減退し、満足度は上がっている。40代では人生の満足度がいったん下がるが、60代以降は概ねどのような状況の人でも満足度が上がることがわかった。

日本では60代以上の高齢者がクレーマー化したり、時には暴力を振るったりする報道がなされ、高齢者は満足度が低く不機嫌なイメージがあった。ところがこの概念が覆され、60代以降はどのような状況でも満足度が上がることが明らかになった。

そうなる理由として、「加齢によって脳の動きが変化し、細かいことを考えるための脳の神経回路が衰え、全体的なことしか考えられなくなる。これは『脳の全体関係化』と『前向きと楽観の因子の獲得』とでもいうべきことだ」と慶應義塾大学大学院前野隆司教授が説明している。

幸せの基準や定義は難しいが、一度しかない人生を実り多いものにし、納得できる時間の過ごし方ができるようになることを考えれば、人はいつでも幸せになっていける。会社にいて与えられた仕事に忙殺されて終わるのではなく、価値ある人生の後半戦に臨む。そのための手掛かりを探すことにしよう。

第2章

男には「帰りたくない夜」と「ひとりになりたい時」が生まれる

住宅費と教育費で経済的な余裕を失う

結婚したら、妻子が待つ温かい我が家は、男にとって居心地が良いはずだった。だが時の経過と共に、人生の前半戦で男には自宅に「帰りたくない夜」が生まれる。

結婚すると、男は独身時代よりも仕事に熱心に打ち込む。収入を増やし、裁量権を手に入れるために、残業もいとわなくなる。

子供が成長し、子育てに手が掛からなくなると、今度は支出が増えるようになる。手狭な借家では窮屈になり、妻は他の人と同じように持ち家願望が強くなり（この発想が危険なのだが……）、自宅を購入する世帯が増える。

借家の家賃よりも負担が少ないという甘言につられて住宅を購入して、住宅ローンを申し込む。住宅金融支援機構が手掛ける全期間固定金利の住宅ローン

「フラット35」の年齢条件を満たせば、最長で35年のローンは組める。

だが35歳の人が35年のローンを組むと、払い終える年齢は70歳。サラリーマンだと定年後までローンの支払いが残る。定年後は収入も減り、公的年金の収入だけでは生活すら大変だから、退職金をローンの残額に充てようなんて考えていたら老後は生活資金が不足して破綻してしまう。住宅ローンは定年までには完済するように、65歳までに返済しておくことだ。

念願の持ち家を手に入れると、長期間にわたる住宅ローンの返済が始まる。元利均等返済でも元金均等返済の場合でも、収入に占める負担の割合が大きいことに変わりはない。

住宅購入と並んで家計支出が膨らんでいくのが、子供の教育費だ。公立の学校に通わせれば入学金や授業料は低く抑えられるが、塾やお稽古ごとなど学校外教育費の負担は避けて通れない。

「子供を持たない」「夫婦共働き」という選択肢はあるが、日本の大人たちに元気がないのは、住宅費と教育費という2大支出の割合が高く、生活を楽しむ心と経済的ゆとりを失ってしまうからだ。

そのしわ寄せが、夫婦の暮らしにおよぶ。夫の小遣い（実は昼食代だけだったりする）と衣料品代、さらに交際費は大幅な制約を受ける。当然ながら妻も節約を強いられ、独身時代に愛用していたこだわりの化粧品ブランドの使用は諦め、衣料品もファストファッションかマークダウンされたものを探して購入するなど努力する。

余裕のなさがストレス解消の場所を奪っていく

夫と妻は金銭的な余裕がなくなり、よほど工夫して暮らさないと、互いに心理的なストレスが溜まっていく。妻は電話やメール、ＬＩＮＥやメッセンジャーを駆使し、友人とコミュニケーションを図って互いに「共感」し合い、心理的不満を少しでも解消するように努める。

だが男は、この「共感」型コミュニケーションが得意ではなく、「目的型（理由があって初めてやり取りする）」や「問題解決型（何か問題が生じ、その解決のためにやり取りする）」のコミュニケーションが中心だ。

例えば友人から電話が掛かってくると、その第一声は「久し振りだね。何の用だい？」とか、「どうしたの。何かあったの？」となる。用事がないと、やり取りしないのが男性の特徴だ。用がなくてもコミュニケーションできる女性とは対照的だ。

女性の場合、嫌なことがあるとその顛末を人に話し、自分の心情を相手に伝えて共感してもらえば、嫌な気持ちを発散できる。逆に男性の場合は、人に話せず自分の中に溜め込んでしまう傾向がある。

限られた男性のストレス発散の機会は同僚や友人と飲む時だけで、会社の不満や上司の理不尽さを愚痴ることになる。だが自分も同僚も互いにお小遣いの制約があるため、頻繁に飲むわけにはいかず、仕事や家庭のモヤモヤは蓄積していく。

結婚してから夫婦の会話が弾まなくなり、男にとって家庭の居心地が悪くなる最大の原因——それは住宅という大きな買い物をして、少しでも子供が幸せになるように投資している結果、家計の経済的余裕を失い、家族との会話が減少することで心理的余裕まで失いかけているせいだと私は思うのだが、読者はどう考えるだろう。

人は苦労して手に入れても、所有すると「あって当たり前」になり、なくしたものに目が向きやすいものだ。

妻との間に隙間風が吹く

少しでも収入を増やすために、男たちは仕事に没頭していく。子育てに追われる妻は、育児や子供の教育について夫と相談（その多くは共感して欲しいのだが）したいと思っているのに、夫は遅くまで仕事をしていてなかなか帰ってこない。

夫が疲れて帰宅した時に限って、妻から「相談がある」と話をされるが、「心そこにあらず」の状態で夫が生返事を繰り返していると、妻の機嫌は次第に悪化し、最後には口もきかなくなる。こうしたやり取りを何度も繰り返すうちに、妻は夫との会話を諦めるようになる。

夫が自宅で夕食をとる機会が減っていくと、食事をする時には妻に連絡を入れるように決められる。だが次第に、夫の夕食は用意してもらえない（食事をするといいながら、食事を済ませて帰宅することが度重なり、夕食をつくることに費やした妻の労力を無駄にしたことが繰り返されたからだ）という事態を招く。

夫婦の関係がどう変質していくかを知る調査データがある。夫に対する妻の愛情度は40代を境に「相手のことが好きではない」と考える比率が急激に増える。

「夫への愛情度はどれくらいですか?」(SA方式n=394)

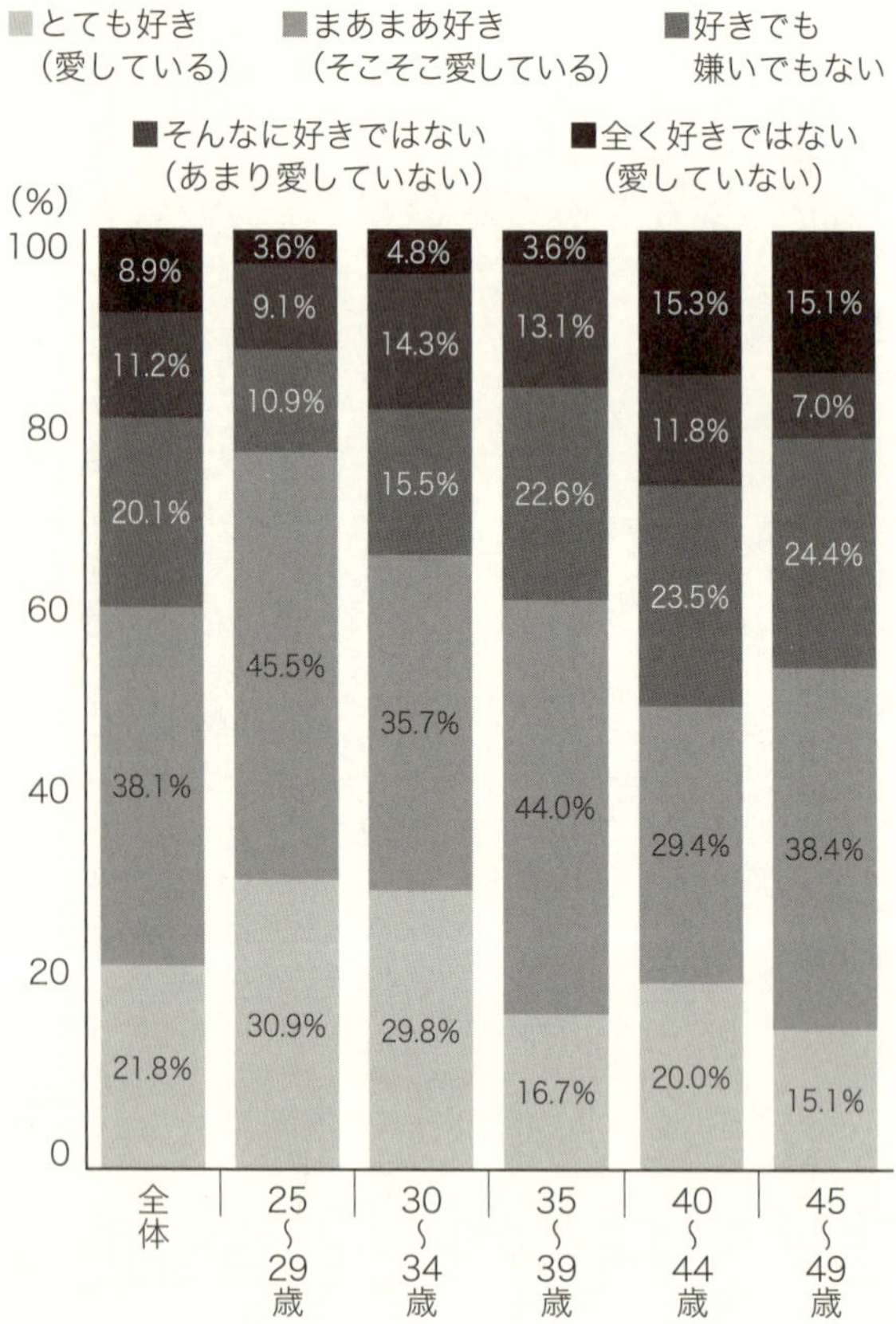

（出典：男の体臭を科学する男のにおい総研、「においの調査と実態」、家庭／男女編 vol.01 夫婦の関係とニオイ問題、㈱マンダム 2014 年調べ）

また30代後半から寝室が夫婦別々になる割合が顕著になり、40代に入ると加速していく（株式会社マンダム調べ）。

夫婦の寝室が別々になると、互いに意識しない限りスキンシップが減り、夫婦というよりも同居人的存在に変質していく。このスタンスが高じると、夫婦が互いに関心を持たず、別々の生活時間が始まる。さらに高じると、恋愛結婚した相手にもかかわらず、夫の洗濯物を一緒に洗うのが嫌になり、相手が口をつけたものに口をつけることを妻が避けるようになる場合もある。

手を繋ぎ、お互いに肩たたきをし、マッサージをするといったスキンシップを意識して行っていないと、夫婦の他人化は加速する。

ペットだけが自分に優しい……

仕事で毎晩帰宅が遅くなり、家族と夕食をとる機会が減れば、妻だけでなく子供との会話も減少していく。ある男性は子供から真顔で、「お父さんは、今度いつ来るの？」と尋ねられ愕然としたという。

小学生くらいまでなら、子供は父親と会話してくれる。娘は「将来結婚するならパパがいいな～」などと甘え、直後に欲しいものをねだられるとすぐに買い与えてしまう。これがまた妻の不興を買う。

子供が成長するにつれ、親との会話量は反比例して減っていき、話しかけても問い掛けても会話は弾まない。たまに早く帰宅して食卓に自分が座ると、気まずい空気がその場に流れ、自分がいないことを前提にした家族の会話が、急にとどこおっていることに気づく。早々に子供たちは食事を終えて、自分の部屋に戻ると、自分だけが取り残された疎外感を受ける。

手持ち無沙汰でテレビに向かうと、ワイドショーではタレントの聞きたくもない解説が溢れ、制作費を切り詰めて安易につくられたバラエティ番組に閉口する。独身時代からお気に入りのミュージシャンの音楽を聴こうとすると、子供の勉強の邪魔になると制止される。

気づけば自分の好きなCDは奥に追いやられ、妻や子供のものにラックは独占されている。通勤時にスマートフォンの音楽を聴く電車の車両が、自分のオーディオルームになっていた。

とはいえ、妻と仲が悪いという訳でも、子供といざこざがある訳でもないから、結婚して時間が経過した家庭なんてどこも同じようなものだろうと、日々達観して人生の前半戦を暮らしている。

深夜皆が寝静まっている中で自宅に戻ると、ペットの愛犬が嬉しそうに玄関まで出迎えてくれる。自分の帰宅をこれほど喜んでくれるのは犬だけなのかと思うと、寂しさが襲うことがある。

サラリーマン川柳（第一生命保険株式会社が毎年実施）で「このオレに　あたたかいのは　便座だけ」という作品があったことをフト思い出し、「我が家の犬も入れて詠めるな」などとひとり自嘲する。

人生の前半戦で男は臭い始める

家族が先に寝ている我が家は意外に快適で、ビールを飲みながらタブレット端末を見ているとそのまま眠ってしまうことがある。朝、家人から小言をいわれて目覚めると、妻や娘から身体が臭うと顔をしかめられる。

思春期の娘が父親の臭いを嫌うのは、近親交配（近親婚）を避けるため、遺伝子が近い父親の臭いを嫌うように娘の遺伝子に書き込まれているという説がある。もしこの説の通りだとすれば、ある時期、娘に敬遠されるのは仕方がない。頭では理解していても、溺愛してきた娘から心ない言葉や生理的に嫌がる態度を見せられると、男親としてはやはり辛く寂しい。

娘に限らず女性は男性の臭いに敏感で、その発生源は「汗臭」「口臭」「頭皮臭（30代中頃から50代中頃までのミドル脂臭）」「加齢臭（50代中頃以降）」「足臭」「タバコ臭」に分類される。

人間なら誰しも体臭があるわけだから、男性も周囲の人たちに迷惑がかからないように日々ケアしておく必要はある。

男性の身体から出る臭いは、2種類の汗（エクリン汗・アポクリン汗）と2種類の皮脂（皮脂腺から出る皮脂・角質層の中にある脂質）とがあり、それらの組み合わせによって、発生するニオイ物質が変わるらしい。

その発生源は、「油のような臭いが出る頭皮」、「お酢やスパイスのような臭いがする脇」、「草のような臭いの体幹（胴体）」、「納豆のような臭いの足」（紹介しているだけで、臭ってきそうだ……）だ。20代を中心にした若い世代は汗臭、30代中頃から50代中頃まではミドル脂臭、そして50代からは加齢臭と体臭は変化していく。

「ミドル脂臭」は40代をピークにニオイ強度は徐々に下がり、50代中頃以降になると「加齢臭」が発生し、「汗臭（ワキ臭）」「ミドル脂臭」の発生は減少していく。

ここで驚愕するのは、30代後半から50代後半までの中年男性の臭いで、この年代は「汗臭（ワキ臭）」「ミドル脂臭」「加齢臭」の3臭が混在し、生涯最も体臭要素が多い（それだけ臭う要素が重なる）年代という点だ（満員の通勤電車の匂いの原因はこれなのだな……）。人生の前半戦で男は臭うわけだ。

男性の体臭を防ぐには、

・防臭効果のあるボディソープを使う。特に背中の洗い残しに注意する

・高頻度に洗濯できないジャケットやスーツに臭いが蓄積しないよう衣類用消臭スプレーを使用する

といった配慮がいるそうだ（株式会社マンダムの「男のにおい総研」の情報を参照）。

夫を気に掛ける家庭の平均世帯年収は、気に掛けない家庭よりも多い！

ここに非常に興味深い調査結果がある。

株式会社マンダムの「男のにおい総研」の調査結果によると、夫の「食事」「ファッション」「髪型・ヘアスタイル」「スキンケア」「臭いケア」の5項目すべてに対して、「気に掛けており、実際に対策や行動をしている」という夫婦仲の良い家庭の平均世帯年収は791・7万円と最も高く、夫への意識の低い妻の家庭の平均世帯年収は650・6万円と、その差は約140万円にも広がっていることが明らかになった。

夫の健康や服装はもとより、身体の臭いのケア用品まで気遣いしてくれる妻がいれば、夫もその愛情に応えるべく、せっせと働く姿が目に浮かぶ。

夫を批判するだけの妻や、夫に関心のない妻の家庭では、夫婦仲がギクシャクするだけでなく世帯収入にも影響を与えるわけだ（これはとても大事な指摘だ）！

夫婦の会話時間を見ると、夫に意識の低い妻は平日3・2時間、休日4・1時間なのに対し、夫への意識が高い妻は平日3・8時間、休日5・2時間と長く、ふたりが良好な関係であることもわかった。

イマドキ妻４タイプ別平均世帯年収（n=897）

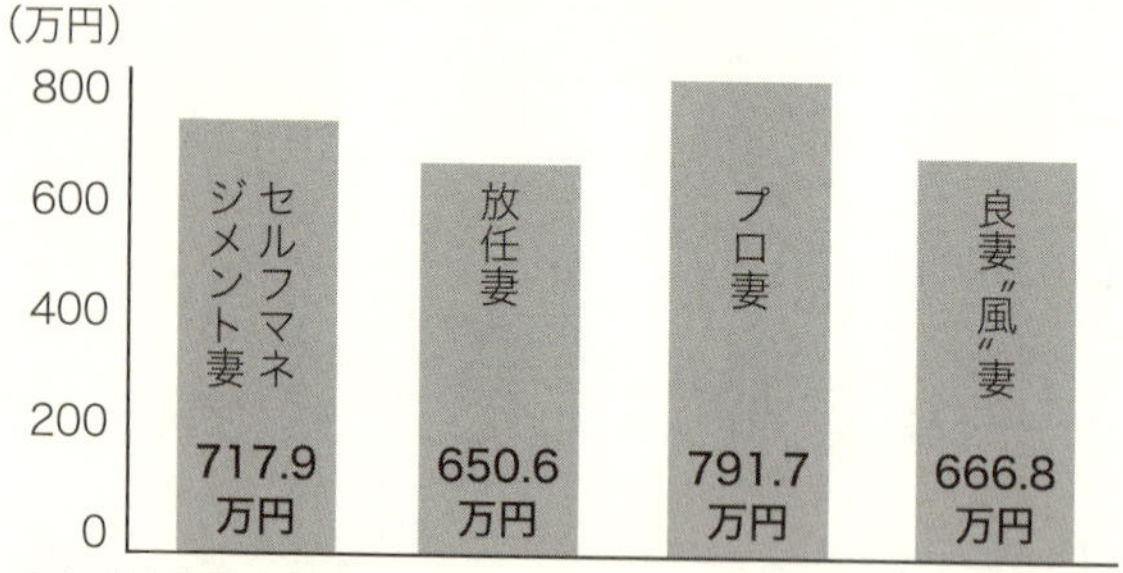

<イマドキ妻４タイプ>
セルフマネジメント妻…自分のことは自分でやるのが夫婦間のルール。夫の価値観を尊重し、無駄な干渉は お互いしない。
放任妻…平日も休日も会話は最少限。夫のケアより自分のことで精一杯。
プロ妻…平成の良妻賢母。夫を幸せにするために夫のケアは欠かさない。お互い何でも言い合える夫婦仲。
良妻“風”妻…自分好みの夫にしたい。できる妻と見られたい。夫のケアは良妻に見られるためのアピール手段。
（出典：夫へのケア意識に関する調査／株式会社マンダム）

夫の小遣いは、夫への意識が高い妻の家庭は3万6,067円と最も多く（一番少ない層より4,267円多い）、必要に応じて小遣いの要望に応じている妻の姿が浮かび上がる。

妻に批判ばかりされていると、自分だけが悪者になってしまう気分になるが、相互に批判しているだけの環境にいては、夫婦共に幸せになれないことがわかる。

浴室のヘアケア用品を見れば、妻の夫への愛情度がわかる!?

妻や娘に臭いを指摘され、シャワーを浴びることにすると、浴室には妻や娘（あるいは息子）それぞれにこだわりのあるヘアケア用品が並んでいる。自分用のシャンプーとリンスは大容量のポンプタイプで、毎回商品ブランドが変わる男性がいる。

人生の前半戦で妻の愛情度を測る物差しとして、妻が購入する夫のヘアケア用品を見る方法がある。夫のヘアケアや体臭に気をつけてくれる妻だと、ヘアケア用品も最適な商品ブランドを探し、あるいは相談して購入してきてくれる。ヘアケアやボディケアに関する情報量は女性に男性はかなわないし、鼻もきかない。こうしたケースでは夫が違う商品をリクエストしたり妻が新たなブランドを見つけたりしない限り、商品ブランドは変わらない。

夫に関心がない妻が選ぶヘアケア用品は価格だけで選択されるため、商品ブランドは買い換える度に毎回変わる。妻や娘が使うヘアケア用品と夫のものとは価格面でも大きな違いがあり、場合によっては数倍以上の価格差が生じるケースもある。こだわりのない男性は商品知識がないため、この実態を知らずにいる。

夫が妻からおざなりにされるのは、ヘアケア用品を始め生活に使う商品に夫の関心がないためだ。スーパーで購入したでき合い惣菜をそのまま食卓に並べただけなのに、それを口にして妻の手づくり料理と勘違いしてほめたりするのは、自分が着る洋服や下着にこだわりがなく妻に任せきりにしたりしている男性に往々にして起きる状況だ。

こだわりのない男性が、自分のシャンプーがなくなって娘のものを使ったら、烈火のごとく怒られる。こだわりのない父親に、娘がこだわり抜いて選んだヘアケアアイテムを使われ、せっかく気に入っている「香り」をオヤジのイメージに変えて欲しくないからだ。

こうした家庭での些細なできごとや妻の夫への態度に、男たちは承認欲求（※

1）が満たされず、そうして過ごしていくことで、次第に自宅に帰りたくなくなっていく。

妻から夫が冷遇され、あるいは不満を口にされる原因の半分は、夫にもある。

例えば、

・妻が病気で体調が悪い時に、自分の食事のことだけ考え、妻の体調は眼中にないようなことが何度かあった
・妻が働いているのに、家事や育児を分担していない
・妻の誕生日を記憶しておらず、誕生日のプレゼントをもう何年も渡していない
・片付けることが苦手で、家を散らかすクセが直らない
・綺麗好きでない
・日々の暮らしの中で、妻への優しさに欠ける（感謝の気持ちを言葉で伝えていない）
・私生活で妻への依存心が強い

といった行為に心当たりはないだろうか……。

自分の家なのに趣味の世界にはまれない

幼少期にはまり、大人になってもなお手放せないモノやコトがある男性は結構いる。代表的なのが収集趣味で、フィギュア（美少女・萌え系・アニメなど）、モデルガン、模型（クルマやバイク、ロケットなどのスケールモデル。戦艦や戦闘機、戦車や装甲車などのミリタリーモデル、ガンダム、宇宙戦艦ヤマト、スターウォーズなどのキャラクターモデルで、ガンプラ（※2）もここに入る）などがある。

ある男性の場合、学生時代にはまったNゲージ（※3）の鉄道模型をたくさん買い揃え、独身時代には自室で存分に走らせることができた。だが結婚し子供が生まれてからはレールをリビングルームに敷くことなど許されず、もう何年も押し入れに入ったままになっている。また、本人の知らぬ間に、模型は卒業したと思われ、妻に捨てられてしまった男もいる。

子供時代からの趣味を引きずっている男性は多く、妻からはもうひとり手間が掛かる子供が増えたように思えるせいなのか、不評だ。

アニメーション好きもいる。結婚して子供が生まれると、リビングルームで自由に観ることはできなくなる。せいぜい家族が眠った後で、ノートパソコンで観る程度だ。

妻と嗜好が異なると、音楽を聴くのも制約を受ける。和製ポップスが好きな人でも、相手がクラシック好きなら、リビングルームで聴くことははばかられるようになる。平日に妻が買い物にクルマを使う家庭だと、カーオーディオの音楽も妻の好みで埋められてしまう。

中高年でもゲーム愛好家は多い。久し振りにはまるゲームを見つけて熱中し、まさに佳境に入っている時に、家事を頼まれたり用事を任されたりしてゲームを途中で中断せざるを得ない状況がくるのは、たとえゲームでも辛い。

多くの男が趣味の時間を愛するのは、「ひとりになりたい」からかもしれない。

仕事のストレスが溜まっている

仕事上で人が抱えるストレスの多くは、人間関係だ。契約が進まないことについて上司から何度も叱責を受けたり、問題行動を起こす部下に注意しても本人は全く意に介さずにいられたりすれば、不愉快になり、その気分を長く引きずる。

人はストレスが高じると眠れなくなることがあり、心理的ストレスが肉体的な疲労と重なると非常に辛く、また危険だ。こうした時には自宅では何も考えず、放心していたい気持ちになる。

そんな気分の時に限って、帰宅後、妻から不満や愚痴を聞かされるとさすがに嫌気が差す。また休日に何もせず、羽を伸ばそうとしてもそれがかなわない時も辛い。

「仕事から帰って、テレビを観るだけでゴロゴロしてられていいわよね……」

「この前話した子供の塾だけど、月謝が上がるけど仕方ないでしょ……」

「自分が食べた食器くらい自分で片付けてくれない……」

「パパはいいわよね。家では何もしなくていいものね、○○ちゃん。あなたが結婚する時は家事も育児も分担してくれる人を選ばないとダメよ……」

などと帰宅して早々にまくし立てられたら、強靭に見える男性でもボディブローのようにダメージを受ける。

自分が抱えている問題を、多くの男は簡単に人に話すことができず、自分の心の内にしまい込んでしまう。そんな時にひとり酒を飲むと、飲み過ぎて睡眠不足や二日酔いという悪循環になる。

仕事のストレスで悩んだあげく、朝、会社に向かう時に、玄関で靴をはきながらある男性がつぶやいた話だ。

「もう会社辞めちゃおうかな……」

すると妻は、

「なに寝言をいっているの。さあ、お仕事、お仕事」

と、家を送り出した。

この男性は人に話せない自分の辛い気持ちを妻に告げるほど深刻な状態で、相当追い詰められていた。

多くの男性が辛い心情を口に出して伝えるのは、もう後がない切羽詰まった状態だ。嫌なことがあると、それをすぐに口に出して発散することができる多くの女性とは大きな違いだ。

訳もなくひとりになりたい

どうしてなのか、訳もなくひとりになりたい気持ちに襲われることが男にはある。久し振りに仕事が定刻に終わって退社できる時に限ってそのまま帰らず、ひとりで好きに時間が過ごせる場所に足が向いてしまう。

少しお金に余裕がある時はカウンターバーに行って席に腰を下ろし、ボーッと無為に時を過ごす。何をする訳でも、バーテンダーと会話するでもない。ダイヤリーを見て仕事の予定を確認している（フリに過ぎない）様子や、スマートフォンでフェイスブックやブログなどを見たりする。

店の主人やスタッフが顔を覚えてくれている居酒屋に向かうこともある。

「いつものでいいですか」といわれると、自分のことを他人がわかってくれていることに、喜ぶ自分がいる。

他にお客さんがいなければ店の主人が話し相手になってくれるが、多忙な時はひとりで過ごす。人生の後半戦に入りリタイアした男だと、ダイヤリーを見ても先の先まで予定は空白で、見ていると余計辛くなるので、ダイヤリーの出番はなくなる。また隣に座った顧客と話をすることになっても、仕事のことを尋ねられるとこれまた辛い。

「定年退職したので……」とつぶやくと、相手も悪いことを尋ねてしまったと気まずくなることもある。

嫌なことを忘れるためにバーで飲むのだが、飲み過ぎると、何を忘れるためだったのかを忘れてしまうことさえある。

会社の方が自宅より居心地が良い

仕事にストレスはあるが、会社が居心地の良い場所だと感じる男はけっこういる。オフィスには自分のデスク（居場所）があり（フリーアドレスになると、自分専用の机はなくなる）、部下がいて、自分に気を使ってくれる。早く帰宅したくない時は部下を食事に誘うこともある（連れていく店が部下の自腹でも行けるところだと、部下は嫌がるが……）。

休日にひとりになりたい時、急ぐ仕事があるわけではないのに、会社に行くことがある。部下が休日出勤していると、妙に親近感を覚える自分がいる。

「お疲れ。休日に仕事では大変だな」

「課長も仕事ですか。ご家族は大丈夫ですか」

「家にいないのが当たり前になっているから、もう何もいわないさ」

そんなやり取りをして、翌週に使う書類に目を通す。校正するだけなら30分もあれば済んでしまう。部下が仕事をしているのに、自分だけキーボードを使わないでネットを見ているわけにもいかず、仕方なくオフィスを後にすることになる。

帰路の電車の中で、対面に仲むつまじい若いふたりが座っている。昔はウチも何をするにも一緒だったし、一緒にいるだけで楽しかった。今だって別に夫婦の仲が悪いわけではない。にもかかわらず、自分はただひとりになりたくて、休日に用もないのに会社に来てしまう。

年齢が増すと、皆、男はこういう気持ちになるのだろうか……、と自問する。

※1　他人から自分のことを認められたいという感情のことで、他人から認められたいという欲求を他者承認といい、自分の理想像と一致するか、今の自分に満足しているかという基準で自分自身を判断することを自己承認と呼ぶ。

※2　「機動戦士ガンダム」のシリーズに登場するモビルスーツ、モビルアーマーと呼ばれるロボットや戦艦などを立体化したプラモデルのことで、1980年に誕生した「1／144ガンダム」以来、約35年間でおよそ4億4,500万個が販売されている。

※3　Nゲージの名称は、9（英語ではnine）の頭文字に由来し、1960年頃にヨーロッパで商品化され、軌道（レール）幅を9ミリメートルの規格にした鉄道模型のこと。この軌道間隔に合った車輪をつけた車両やレール、駅舎やジオラマ風景などの模型までNゲージ製品として販売されている。大きさや価格が手頃なため、日本ではNゲージの製品と愛好者が多く、鉄道模型の主流になっている。

第3章

男だって「男」を降りたくない

誘蛾灯に集まるようにそこに足が向いてしまう

大規模な展示会や見本市に出掛けて会場に入ると、どこかのブースには必ずレオタードや肌を露出した衣装を着るイベントコンパニオンがいる。そこに目を向けると、誘蛾灯（虫が光に集まる性質を利用し、蛾などを誘い寄せて駆除する灯火のこと）に吸い寄せられる虫のように、知らないうちに足が向かってしまう自分がいる。

「お客様、こちらが新製品のリーフレットでございます。アンケートにお答えいただくと、記念品を差し上げておりますので、どうかご協力ください」と若い女性に話し掛けられ、嬉しさを表に出さないようにしながらアンケートに答える。その後はイベントコンパニオンの説明に聞き入っているふりをしながら、実はその女性の姿をまじまじと見ている自分がいる（昔はこんなことはなかった）。

「色気で顧客の関心を集めるなど、品がなく邪道だ」と、かつて自分が口にしていたことなどすっかり忘れている。

別のブースでは20代の女性が商品説明を熱心にしている。その話に聞き入るふりをするが、話の内容より話し手の女性の姿に見入ってしまう。相手は仕事をしているだけなのだが、それでも話し掛けられるとどうしようもなく嬉しい。

面倒になる自分がいる

年齢を重ねていくと、妻以外の女性と会話するのは、会社の女性社員くらいで、しかも会話量と会話時間はとても限られる。思い返せば、ビジネス以外で若い女性と会話する機会はもう何年もないことに気づく。

現場にいた頃は、取引先を訪問すれば女性社員と会話するのは当たり前だったし、自社でイベントをした時にはイベントコンパニオンと打ち上げをして盛り上がることだってあった。

一体いつから若い女性と会話する機会がなくなったのだろう。

女性たちが隣に座って会話してくれるお店は、「自分はモテる」と誤認させてくれる錯覚の場所だ。来店させるための営業活動だと頭ではわかっているのに、メッセンジャーやＬＩＮＥ、メールで「是非お会いたいから、お店にいらしてね」などと告げられると、若い時ならすぐお店に行ってしまった。

結婚して子供が生まれてからは経済的に余裕がなくなり、そんな場所に行けることなどなくなった。稀に接待に同席することを許され、二次会で女性のいるお店に行けると、気分はかなり高揚する。

「大人の男性は、若い人と違って余裕があっていいわよね〜」

「携帯の電話番号を教えてくださらない？　メールアドレスでもいいですけど……」というやいなや、こちらの携帯電話を奪われ、しっかり自分宛てのメッセージを女性が送ってしまう。これで彼女からは連絡し放題だ。

以降、頻繁に女性からメッセージが届くようになるが、昔のようにお店に出掛けて、関係を発展させるゆとりなどない。それに関係を強化する手続き（一緒に食事をして同伴するなど）が面倒になっていることの方が深刻だ。何事にも、面倒が先に立ってしまうからだ。つまらぬ男になってはいけないと思いつつ、かつてのように踏み込めない自分がいる。

中高年男性は「おじさま、おじさん、おやじ、パパ」と分類される

世の一部の女性たちは、中高年男性の階層を4タイプに分類して評価する。

まず「おじさま」は、イメージとしてはシルバーグレーの髪に仕立ての良いスーツや上質なカジュアルウエアを身にまとい、経済的に恵まれ、紳士的で、女性なら一度は連れていって欲しいレストランやお店の常連になっている（嫉妬してはいけない！）。女性にガツガツしていない男性ほど女性から人気があるようで、ガールフレンドも多く、その存在と数が非常に限られ、相当に恵まれた男性

だけがこう呼ばれる。おじさま族は会社では役員以外には存在せず、その生息地すら把握できないことも多い。「自分の周りにそんな男はいないぞ」と思った人は、「類は友を呼ぶ」法則を思い出して欲しい。

次に「おじさん」は、ほど良い身なりをして、ほどほどの暮らしぶりで、ごく稀に手軽だが穴場的なお店に女性を連れていける人だ。女性からは異性というよりも親戚の伯父（叔父）的存在で、いわゆる「いい人」と呼ばれる存在に甘んじている人が多い。本人は女性に興味津々なのだが、いかんせん女性たちが自分に関心を寄せてくれない場合が多く、そこで葛藤が起きる。

おじさんが妻以外の女性たちと知り合える場所は、夜の世界を除くと会社か取引先くらいで、女性との接点はとても限られる。その中でおじさんに思わぬ機会が訪れる。それが単身赴任だ。

赴任先として人気がある土地は人それぞれだが、中でも福岡は人気が高い。大都市でありながら暮らしやすく、食べ物が美味しく手頃な価格の飲食店が多いのが魅力だ。何より東京から福岡に行くと、福岡の女性はとても優しくしてくれるように感じる（人によるけれど）。

福岡の人は東京の人間が好きで、これは言葉使いにあるようだ。現地の複数の女性たちから直接聞いたのだが、福岡の女性は大阪弁が苦手で、大阪人を敬遠すると知り、驚いた（著者は大阪人の友人も多いので、少し複雑な気持ちなのだが……）。

福岡に出張して串焼きの店で飲んでいた時、カウンター席の隣に40代の「おじさん」と20代の女性が何やら深刻な話をしているのが聞こえてきた。ふたりは上司と部下でありながら、親密な間柄のようだ。おじさんが単身赴任を終えて本社に戻ることになったという顛末が聞こえ、ふたりだけの送別会らしい……。

帰り際、女性の目に光るものを見た時、他人事ながらこちらも切なくなった。「辞令」によってふたりの関係は始まり、そして終わりを告げた。そんなおじさんもいる。

続いて「おやじ」と呼ばれる人は、ファッションに関心がなく、洋服の着こなしに無頓着で、お昼ご飯をできるだけ節約し、女性を誘う余裕などほとんどない。妻が夫に気を使わないタイプだと、スーツをクリーニングに出してもらう回数は限られ、衣類用消臭剤を使わないと臭いが気になる「感じ」の人だ。

通勤電車に乗る時は、空いている席を探して一目散に突進することが多く、地声と笑い声が大きくて、お腹が出ている（著者もしっかり出ている）のが特徴だ。気のいい人だが、周囲にいる女性たちの視野には全く入らない存在だ（どう他人から思われようと、おやじだって一家の大黒柱だぞ！）。

このタイプの男性は自分の趣味に没頭することが多く、それを妻が容認してくれないと、帰りたくない夜が増える。自分の趣味に興味を持ってくれる人にはことのほか親切で、優しく解説してくれる。聞けば、何でも教えてくれる良い先生だ。

最後に登場するのが「パパ」だ。財力にものをいわせて、夜の世界ではとても歓迎される人たちだ。ブランドものを身につけてはいるが、センスがあるようには見えない（ごめんね）。精力的な人が多く、若い女性にお手当を支給して特別な関係をつくり、血がつながっていないのに「パパ」と呼ばれる。レストランやクラブで、パパの口ぐせは「とにかく一番高いものを持ってこい」だ。

良くも悪くも世の中はお金がものをいうことを長年の経験から熟知しており、若い時は死に物狂いで働いてきた。実は一代で財を築いた苦労人が多く、意外に涙もろく、苦労してきた人には目をかける傾向がある。自慢話をしたがるのは、幼少期から苦労し、人が遊んでいる時に遊ばず、欲しいものも手に入れることができなかった暮らしを過ごしてきたからだ。

こういう人と懇意になると、社会経験を生かした助言を受けられ、自分ではとても行けない場所に連れていってもらえることもある。愚痴をいい合う同期より、学べる人物が存在することが多々ある。

この４タイプの中で「おやじ」カテゴリーに分類されてしまうと、本人は現役のつもりでいても、女性たちからはアウト・オブ・ターゲット（論外）になり、焦燥感に襲われ、へたをすると男を降りてしまう人も現れる。

女性の観察眼と嗅覚にさらされる男たち

女性は結婚しても、身だしなみに気を使う。これは異性に対するアピールだけでなく、同性の女性たちからの視線と評価を意識してのことだ。そもそも女性たちは観察眼が鋭い。例えば友人や同僚の肌が、普段よりみずみずしくハリや艶があるといった微妙な変化をいち早く見つける能力は天才的だ。

「どうしたの、化粧品変えた？　すごくハリと艶があるんだけど……」

といった質問はごく日常的に行われる。

本当はスキンケアブランドを変えたのだが、親しい友人でないと本音や事実を話さないことも多い。

朝起きてお化粧をする時に、普段よりも肌の状態が悪くて化粧のノリが悪いと、機嫌が悪くなるくらい、肌の良し悪しは女性にとって問題になるらしい。

鋭い観察眼に加え、女性の嗅覚もまた鋭い。化粧品やフレグランスなど何種類も香る商品を身にまとっていながら、ルームフレグランスや他人の香りまで瞬時に嗅ぎ分ける力を持つ。

女性が隣にすわってくれるお店に行き、夫が帰宅すると、服についた匂いから、

「どこへ行ってきたの!?」

「誰といたの」

と問い詰められるのは、この嗅覚の鋭さに起因する。

太古の昔、女性は子供が生まれると女性同士で子育てを助け合って生きていくため、協調性と共感性が育まれた。同時に、男が他の女の元に行ってしまわず、必ず食料を調達してくるように嗅覚が発達し、異変やかすかな兆候も察知できるようになったという説がある。

リオデジャネイロ連邦大学生物医科学研究所のロバート・レント教授は「ニューロンが多く大きな脳と、その部位がつかさどる機能の複雑性には相関があるため、嗅球のニューロンが多い女性の方が、嗅覚が鋭い」と指摘している。また脳細胞は後天的にほとんど増えないため、女性は生まれつき男性よりも嗅覚をつかさどるニューロンが多いと考えられるそうだ。

女性がいる店が大好きな既婚男性が、そうした店に行った帰りに、いつも自宅までの途中にある焼き鳥店の換気扇の下でしばし時間を潰すという話を聞いた。嗅覚の鋭い妻の鼻をかく乱するために、鳥を焼く臭いを服につけているのだという。そこまでしてそういう店に行きたいのかと思うと、男のサガであってもどこか切なくなる。

男の身だしなみとフェロモン

女性のように繊細な変化やディテールに気づく男性はあまり存在せず、女性たちが日々自分を磨くために取り組んでいる時間と手間に、男は思い至らない。化粧品ブランドを次々と乗り換えながら化粧（スキンケア用の基礎化粧品とメイクアップ用の化粧品がある）を欠かさず、美容院に定期的に通ってヘアスタイルに気を配り、ダイエットも（効果が出るかどうかは別だが）行う。

男からすると、なぜあれほどまでに長時間入浴して身体の手入れをしているのかが、そもそも疑問だ。彼女たちはヘアケアからボディケアまで時間を掛けて入念に磨き上げているが、毎日続けられる持続力は女性の特質だ。

男たちの身だしなみは、女性とは大きく異なる。独身時代に気に入った整髪料やヘアトニックを結婚しても使い続ける中高年男性はけっこういる。疑問に思うなら、ホームセンターや量販店の男性用化粧品の売り場を見てきて欲しい。

団塊の世代に人気を博した資生堂の「ＭＧ５（１９６３年に登場）」や「ブラバス（同１９６９年）」、その後の世代の「タクティクス（同１９７８年）」や「アウスレーゼ（同１９８０年）」などが今も店頭に並んでいる店がけっこうある。

不思議なことに、男性は何十年も同じブランドの整髪料やヘアトニックを使い続けても平気だ。青春時代の原体験を、男はいつまでも引きずって生きているように見える。

妻が愛用している化粧品との価格差は開く一方（もっとも多くの男性は妻や娘が使っている化粧品のブランド名や価格などをそもそも知らない）だが、そんなことに気づく男はあまりいない。何十年も同じ化粧品ブランドを愛用することなど、女性ではあり得ないことだ。

ヘアサロン（男性は床屋も多い）にも同様の傾向があり、何十年も同じ床屋に通っている男性は珍しくない。毎回注文をつけることなく、黙って座れば、それで髪は切ってもらえる。だからこうした男性たちの髪型が急に変わることはない。

女性で何十年も同じサロンに通い、しかもヘアサロンで何もリクエストしないなどということはあり得ない。

夫の身だしなみに配慮してくれる妻なら、年齢に相応しいスキンケア用品やスタイリング剤、フレグランスなどを探してくれることもある。こだわりのない夫に対しては諦め、達観してしまった妻だと、疑問を持つことなくいつも同じブランドを継続して買い与える。女性が見切りをつけると、時にそれはとても冷淡だ。

男性の身だしなみを見ると、ふたつのパターンに分類できる。

ひとつはスーツに合わせるシャツやネクタイ、下着、靴下など身の回りのものをすべて妻の裁量で選んで買ってもらっているタイプの男性だ。仕事で着るスーツを選ぶ際はサイズもあるので夫と妻が紳士服専門チェーンか、デパートや専門店がセールになった時に一緒に行き購入する。

夫はファッションのこだわりがないため、すべての選択権は妻が持つ。妻のコーディネートが上手だと、夫の外観も見違えるようになるが、そうでない場合には悲しい結果を招く。

女性が妻から母になると、夫と子供に買い与えるものが非常に保守的になる。その代表的なカテゴリーが下着で、典型例が男の子の白いブリーフだ。

子供の自立は、親が買ってくる下着が気に入らなくなる時期と合致する。子供は自立して自分で好きなブランドやデザインのものを買うようになるが、夫は妻に依存しているので、下着は質実剛健のままで代わり映えしない。

ファッション的に外見はおしゃれでイケてるように見える男性でも、ゴルフ場に出掛けてプレー後に浴場で着替えている時に下着を垣間見ると、妻任せに購入してもらっている人は白いブリーフの着用率が高いのですぐわかる。下着を管理されるのは、ある意味、下半身を管理されていると思うのは考え過ぎだろうか。

他方は自分の着るものや身につけるものは自分で選んで購入するタイプの男性だ。妻に購入してもらう時は、どのブランドの、どの品番（色や形も含む）かを説明（これをブランド指名という）して代理で購入してもらう。

この時、妻のセンスがアイテムに反映されることはある。新宿伊勢丹本店のメンズ館は既婚女性が訪れる割合が多いが、彼女たちは夫が好きなブランドを踏まえた上で、夫の代わりに購入している。このタイプの男性が下着を選ぶ時は、白のブリーフを選ぶことはまずない。

なぜ中高年男性は女性たちからいやらしく見えるのか

中高年になると頭髪の薄毛に悩む人が出てくる。

仕事の区切りがつき、打ち上げの食事会で、男性の頭髪が薄くなる理由をある男が語った時だ。

「神様が浮気をしないように、男の頭髪を薄くしているらしいよ」とその男が口にすると、

「僕は絶対に浮気しないから、頭髪を薄くしないで欲しい！」

と隣にいた30代の男が真顔で答えたので、驚いたことがある。聞けばその男の父親はほとんど頭髪がなく、相当気にしていることがわかった。

7割の女性が、頭髪が薄くても恋愛には関係がない、と答えているアンケート調査があった。一方で、女性が頭髪が薄い男性を見ると、何となくいやらしく見えるという声を聞いたことがあるが、本人にとって薄毛はとても気になる問題だろう。

頭髪が薄い男性が敬遠されるのは薄毛そのものではなく、頭皮が光っていたり、少なくなった髪で無理なヘアスタイルにしたりする姿が、不潔に見えてしまうことに原因があるようだ。著者には40代で薄毛の友人がいるが、彼はかなり短くカットして、服装もおしゃれなので逆にカッコ良く、美しい妻と仲良く暮らしている。

・女性の身体をいやらしい目つきで見つめる

男性がいやらしく見えるのは頭髪の問題だけではなく、

・オフィスなどで「肩をもむ」振りをしてやたら女性に触る
・女性の前で平気で下ネタ話をする
・恋人や夫とのプライベートな関係を聞きたがる

といった特徴がある。この項目はどれもセクシャルハラスメントに該当する。

男性である限り、実は誰もが皆「いやらしい」存在だ。唯一の違いは、それを表に出すか出さないかにある。露骨に表出させてしまうと、誰でもひんしゅくを買うが、とりわけ「おやじ」タイプに分類される人は気をつけた方がいい。

男を降りないために中高年男性が意識しておくこと

本人が悪いわけではなく、気づかず、あるいは気にせずにいることで、女性を遠ざけてしまう場合がある。女性が何より男性に求めるのは、清潔感だ。

中高年男性は、汗をかいたら、汗が引いて酸化しないうちに濡れたタオルで拭く。通勤時や外出時に髪やシャツが汗で濡れた時には、ロッカーに用意しておいた着替えに取り替える。汗や体臭を感じさせない配慮をすれば、それで十分だ。

「おやじ」でなく「おじさん」に昇格するために女性と同席する際は、

- **愚痴をこぼさない**
- **ウケを狙って駄じゃれを言わない（大体は受けない）**
- **相手の私生活に踏み込まない**
- **お酒を強要したり、お酌をさせたりしない**
- **周囲に迷惑が掛からないように、大声で話さない**
- **できるだけ感情的にならないように心掛ける**
- **お酒が入っても説教モードにならない**

などを意識すれば、嫌がられることは減る。

何でそんなことまでしなくてはいけないんだ！　と思うかもしれないが、こうした心遣いは女性だけでなく、若手男性社員に対しても必要な配慮だ。

第4章

人生の後半戦に男たちが直面すること

突然会社をたたむことになった

著者自身、定年になることをこれまで考えたことはなく、ひたすら仕事に勤しんできた。ところが会社を後継すると思っていた男が退職することになり、この機会に思い切って自身で立ち上げた会社の活動を終えることにした。1988年に株式会社を設立し、30年後に自身の手でたたむという貴重な経験になった。

仕事をやめる気はないので、個人事務所として事業を継続することにした。個人事務所になっても、仕事を継続して発注してくださる企業に加え新規取引先も生まれた。

個人事務所の活動に不安がなかったわけではないが、すぐに従前の仕事の量と質に戻すことができた。意外だったのは、法人代表の責任や義務から解放されると、仕事だけに集中できて、仕事が一層面白く、また熱中できるようになったことだ。

何十年も仕事でつき合いのある人が、互いに仲の良い仲間たちに声を掛けて、会食の場を設けてくれた。実はその人も前半戦を過ごした企業を早期退職し、新たな企業の役員として活躍している人物だ。後半戦を生きる先輩から、門出を祝う席を設けてもらったことが何より嬉しかった。

私はサラリーマンを10年以上経験し、その後、所属していた企業から分社化させてもらい、経営者となった。マーケティングの仕事が好きなので、それ以降30年あまり経営者の仕事よりもプレーイングマネージャーとしての仕事ばかりしてきた。

こうした経緯の中で、痛切に感じたことがある。肩書きや看板を持つビジネスパーソンの中には人を大事にせず、一つの仕事が終われば人との出会いや縁を捨てていく人が多いことだ。

彼らは、権力を持つ人には近づき、自分にとって利用価値のない人には見向きもしない利己的な人間に思えた。仕事が終わればそれ以降会うことはなく、こちらもその気がないので、互いの関係は簡単に切れていく。彼らが定年後にどうしているかをいま知る術はないが、これまで有意義な後半戦を過ごしているという話を耳にしたことはあまりない。

だが中には、仕事が終わっても関係を続け、オフに会食することや再び共に仕事をする人もいて、同じ内容の仕事でもこちら側の取り組む意欲や熱意が違った。彼らが定年を迎えてからもつき合いは続き、どの人も何もせず無為に時間を過ごす人間にはなっていない。

前半戦の生き様が、後半戦の人生を決めるのではないか。最近、ことにそう考えるようになった。

自分の紹介状を書いてもらえる人、相手の紹介状を喜んで書ける人

仲が良く、仕事もできる年下の男が転職することになった。エグゼクティブサーチ（経営幹部や経営者、あるいは専門的なスキルを持った人材を外部からスカウトする業務を行うこと）の会社から連絡が入り、その男のことを詳しく聞かれた（これをリファレンスと呼ぶ）。自分のことはこの男に尋ねて欲しいと、私の連絡先を伝えたそうだ。外資系企業などでは企業の幹部を人選する際に、よくある方法だ。

私は彼の力を存分に伝えた。事実をそのまま伝えるだけだから、脚色する必要もなく、自分でも獲得したかった人材（昔一緒に仕事をしないかと打診したが、残念ながらそうはならなかった）だと担当者に最後に伝えた。彼はもちろん採用された。私の推薦などではなく、彼の実力だ。

その時、考えた。もし自分が逆の立場なら、どうするだろうと。やはり自分も

彼に同じように推薦人を依頼すると思った。

仕事でなくても、相談されたら時間を空けるし、こちらも彼が詳しいことはいつでも教えてもらえる。共に食事に行くと、有意義な時間が過ごせる。たったこれだけのことなのに、こうした関係は稀なことなのだろう。

我々を結びつけているのは、互いに利他的な気持ちでつき合っているからだろう。

定年を意識して初めてわかること

人が定年を意識するのは、いつ頃からなのだろう。一部の大企業には社員を対象にライフプランセミナーやキャリアプラン研修を開き、今後の仕事の仕方や定年後の生活設計について考える機会を提供するところがある。

この狙いは、自発的なスキルアップやキャリアアップを意識して行っていかないと、現在のポストが保証されているわけではないこと。また役職定年後の給与や再雇用後の待遇について情報を提供し、定年後の生活を可視化し、準備を始めるきっかけにするためだ。こうした制度がない人は、自分で将来のライフプランを考える機会をつくって準備することになる。

現在の会社の仕事がいつかはなくなることを頭では理解していても、人生の後半戦のために備え、行動を起こしている人は限られる。仕事はそれなりに多忙だし、今は問題なく暮らせているので、切迫感はない。管理職に就いている人ほど、考えることすら避ける場合もある。

何もせずに20年以上過ごせる自信はあるか？

定年退職した男性の約72％、女性の約55％は、定年退職後も仕事を継続しており、定年後に継続して働いている人の過半数（56・6％）が「再雇用契約によって同じ会社やグループ会社」で働いている。

しかし60代後半になると働いている人は激減する。男性の60代前半では約3割が「無職」に過ぎないが、60代後半では無職の人が63・5％と急増する。

女性を見ると60代前半で「無職」は12・6％だが60代後半には22・3％となり、働いている女性の割合は60代前半の54・6％から60代後半の28・6％へとほぼ半減する（電通総研調べ）。


仕事に一途に取り組んだ人ほど、仕事を失うと大きな喪失感に直面する。企業に属さないために名刺がなくなり、自分は何者なのかを表現する手立てを失う。会社という拠り所をなくすと、毎日出掛ける場所と出掛ける理由も同時に失う。他人から「お仕事は何をしていらっしゃるのですか？」「毎日どうしているのですか？」という返答に窮することも起きる。

仕事をせずに人生の後半戦を暮らせる経済的に恵まれた人であっても、

「仕事を辞めたら、早起きしなくていいから、存分に眠ってやろうと思っていたら、いつも通りに目覚めてしまい、朝からすることが何もない」

「これからは存分にゴルフをしようと楽しみにしていたが、次第にゴルフが面白くなくなってしまった。仕事の合間に出掛けてプレーするから、息抜きができて楽しかったことがわかった」

という話は山ほどある。

仕事がなくなり、出掛けるところもなく、いつも自宅にいると起きる問題

仕事をしている時は、妻に家事を依存する男が多いが、昼間は会社にいるし、残業が続けば、食事の用意はしなくても済む。妻が専業主婦の場合は、昼間はひとりで好きに暮らせた。電話やメール、LINE（ライン）やフェイスブック（Facebook）も好きなだけできるし、夫が帰るまで友人と街に出掛け、買い物や

話題の店に行くことも自由にできた。

ところが仕事がなくなった夫が、行く場所がなく、終日自宅にいるようになれば、妻は食事の用意と後片づけが3食必須化し、これまでのように自由ではなくなる。夫が自立し、自分のことは自分でするようになったとしても、終日自宅にいることになれば夫婦で軋轢が生じる。

仕事一途に生きてきた男ほど、生活力に欠ける面があり、生活すべてを妻に依存する人もいる。後半戦は妻とふたりで旅行や趣味に勤しもうと夫は勝手に考えていたら、妻は全く望んでいなかったというケースは多い。

新幹線に乗ると非常に面白い光景に出合う。中高年の女性同士が旅行のために車中にいると、会話が弾み（時にあまりにうるさくて閉口することがある）、とても楽しそうだ。その一方、団体旅行で夫と旅している夫婦を見ると、車中で会話しながら旅する姿を見ることはまれだ。それぞれ好きなことをしているか、夫は眠っているため、非常に静かだ。これでは夫婦ふたりで旅に出るより、友人と出掛けたいと妻が考えるのも当然だ。

夫婦揃って同じ趣味に興じるとは限らず、こうしたことは前半戦の暮らしでわかっているはずだ。

夫婦の仲が良くても、互いがひとりになり、自由に過ごす時と場所は必ず必要だ。単に自由な時間を過ごすだけではなく、新たな仕事を見つけ収入があれば、後半戦の生活に余裕が生まれ余暇の選択肢も増える。

まだ先という人こそ早くからライフプランを考えておく

定年までに10年以上の時間的に余裕がある人ほど、後半戦のライフプランは早めに検討し、行動を起こした方がいい。特に会社勤めの人は、早くから準備するに越したことはない。

自ら事業をしている自営業者や個人事業主、フリーランスで仕事をしている人たちは、収入を得るためにあれこれと知恵を使い、試行錯誤しながら仕事を生み出してきている。「自分の収入は、自分で稼ぎ出す」ことが身についており、それは当然のことだという考えだ。彼らは収入を得るノウハウに加え、互いに助け合う仲間や顔の広いブレーンを持つ人もおり、仕事に臨む体制が違う。

多くの会社勤めの人は「給料は会社からもらうものだ」という概念が強く、独力で仕事を起こし、収入を得た経験がない。自力で収入を上げるノウハウや意識、そして経験は少ない。人的なつながりは社内や自分と同様の会社勤めの人が多く、多様な人の縁をつくってきていない人もいる。同じ境遇や環境の人同士では、新たな発想は生まれにくい。

時間的な余裕があれば、人生の後半戦で参考になる事例やケースを調べ、相談相手を探すことができる。

生きるためだけに選択肢を狭くしない

後半戦を生きるために、単に時間をつぶす方法を探し、そこに埋没するのはもったいない。前半戦の残り火や抜け殻のように後半戦を過ごすのは、誰もが不本意だろう。

後半戦に僅かでも収入を得ることだけを考えて、再就職先を見つけるのも考え物だ。特に「時間」で「労務」を提供する仕事に就けば、前半戦のキャリアは生かせない。パターン化した労務を提供する仕事（定型業務）は、ＡＩ（人工知能）やロボットに代替され、人間がする仕事ではなくなっていく。

後半戦の仕事を探すなら、収入の多寡以上に、やりがいがあり、自分がこれまで蓄えた力とノウハウを生かせる仕事に就く方が幸せを実感できるはずだ。

第5章

大人たちよ、居心地の良い時間と場所を見出そう

自分は何をしたいのかによって、居心地の良い時間と場所は決まる

人生の前半戦にいるなら、有意義な時間を過ごしたいと思う人や、後半戦に向けて自分の専門性を高めながら副収入を得られる副業を探したいと考える人がいるだろう。

例えば、

・人生の後半戦に生かせる副業に出合って、楽しく新たな収入を得たい
・何よりも居心地のよい時間と場所を見つけ、そこで自分の時間を過ごしたい

といった具合だ。

その一方で、定年を間近にしていたら、これからの後半戦をどう過ごしていこうかと思案する人がいるだろう。定年退職しても仕事に取り組み、収入を得ながら暮らしたいと願う人や、長年仕事はしてきたから、後半戦は自由に生きたい人

もいるに違いない。
例えば、

- **定年を迎えた後半戦を、これまで以上に生きがいを持って心豊かに暮らしていきたい**
- **今までできなかったことや、してみたかったことを、後半戦に実現したい**
- **年金だけに依存する生活ではなく、しっかり収入を得ながら豊かに暮らしたい**
- **後半戦で逆転勝利したい**

といった考えもあるだろう。

読者が本当にそう考えるのなら、できることから、今すぐに始めればいい。まずは次のプロセスを参考にして、人生の後半戦にしたいこと、できることを見つけて行動を開始しよう。

①自分は何をしたいのか自己分析してみる

人生の前半戦にいる人なら、会社の仕事を終えた後、自分は何をしたいのか？ 後半戦を目前にし、あるいは後半戦に突入した人なら、退職後、どんな人生や時間を過ごしたいのかを考えてみる。

誰かに強制されるのではなく、自分が本当に望む生き方や時間の過ごし方を、この機会に考えてみる。

例えば、

・ただ単に自宅に早く帰りたくなく、自由になれる時間が欲しいのか
・妻といつまでも仲良く暮らしたいのか
・ひとりになる時間が欲しいのか
・趣味に没頭できる環境が欲しいのか
・ストレスから解放されたいのか

・気の合う仲間と一緒に話題を共有し、時間を過ごしたいのか
・有意義な時間と共に、副収入（副業）を得たいのか
・将来のために、独力で生きていける力を身につけたいのか
・もっと収入を増やしたいのか
・自分で事業を立ち上げたいのか
・これまでのキャリアを生かして、専門家を目指したいのか
・新たな出会いが欲しいのか
・自分が好きなジャンルを研究し、知識を増やしたいのか
・一生続けられる趣味を持ちたいのか
・自分と気の合う人たちを見つけ、仲良くしたいのか
・自分の考えや培ってきたノウハウを、社会に発表する場が欲しいのか
・誰かの役に立ちたいのか
・社会に恩返しがしたいのか

といった具合に、正直に自分自身に問い掛け、自分が一番面白がれること、やりがいを感じることを見つけるように心掛ける。

単に暇つぶしがしたいなら、それでもいい。自分のことは、自分で決めればいい。自分の人生なのだから、他人にとやかくいわれる筋合いではない。後になって自分で後悔しなければそれでいい。

前半戦にいる人なら、現在の仕事が多忙で、その息抜きを求めていることがあるだろう。後半戦の人は息抜きだけの人生ではなく、生きがいや、やりがいを探すはずだ。自分が納得できることや、そうしたい理由を、自己分析してみる。


「傍から見て面白そうだ」とか、「どこかに面白い仕事があるはずだ」という他力本願発想はやめておこう。どんなにつまらなく見えることや仕事でも、携わる人の取り組み方いかんで、面白くもなればつまらなくもなるからだ。

面白いことは、与えられるものではなく、自分で見つけ、自分で面白がれる術を見つけることだ。

②自分ができることを棚卸する

「こんなことをしたい」とあれこれ考えてみたら、次はこれまで自分が就いてきた仕事を通じて習得してきた業務の内容や専門分野をできる限り細かく棚卸しして、一覧表にしてみよう。この表に記載された内容が自分のジョブキャリアだ。一覧表にして「見える化」することで、自分にできる仕事（自分がこれまでに手掛けてきた仕事）が明確に把握できる。

「副業を探したい」「再就職先を見つけたい」と思う人なら、このジョブキャリア一覧表に記載されている職歴を売りものにできるように考える。①で行った「自分がしたいこと」と②で棚卸しした「自分ができること」の中から一致するものがあれば、それが最善の方法になるはずだ。

だが「自分がしたいこと」が、「自分ができること」と大きくかけ離れていたら、絶対に見直した方がいい。これまでの自分の仕事とは無関係で、その分野で専門性を磨いていない仕事を突然選ぶのは無謀だ。

また「自分がしたいこと」と「自分にできること」が上手く一致しても、その仕事やテーマが必要だと、社会や企業が考えるかどうかも判断しよう。世の中が求めていない仕事やテーマには需要がないからだ。

③無理せずに楽しめ、自身に有意義なテーマを見つける

単に時間をつぶしたいなら、スマートフォンにダウンロードしたアプリでゲームをし、ネットフリックスやアマゾンビデオで映画を観るという過ごし方もある。

そんな時間の使い方では貴重な時間が無駄になると考え、自分なりに納得できる時間の使い方を望む人なら、具体的にどうすればいいのか自問してみよう。現

在仕事を持っていても、定年になった人も、考え方は同じだ。今ここで考え、準備しておけば、未来は明るくなる！

・自分が大好きな趣味を極め、書籍が出せるくらいのノウハウを身につける
・自分のお小遣いを捻出するために、空いた時間に自分の専門性やノウハウを高められる仕事を掛け持ちする
・自分が楽しめるテーマを決めて研究し、ブログに日々アップしていく（ブログが誰かの目に触れ、出版やコラムの連載に繋がるかもしれない）
・自宅以外に自分の書斎を持ち、存分に読書に浸る
・誰かに弟子入りして、その道を究める（落語家が良い例だ）
・自分の得意なことを、若者や子供たちに教える
・ボランティア活動に参加して、人から感謝される人間になる
・会社を立ち上げて、ネット上でビジネスを行う（ただし儲けるという目的だけ

では失敗する）
・起業や独立したい人を、自分の専門性を生かして支援する役目を務める（総務や経理、人事といった内勤部門で専門性を持つ人なら最適だ）
・定年後の後半戦に取り組める仕事や趣味を見つける
・自分がお世話になった人に会いに行く旅に出る（高倉健の最後の主演作『あなたへ』の自分版）
・新たな知識・技能を増やすために学校に通い、そこで得た知識や技能を生かす道に進む
・学校や会社、地域の縁以外に、新たな仲間を見つける
・料理を極めて、日々美味しい食事をつくれるようになる（調理だけでなく、食器洗いなどの後片付けも忘れずに）
・世の中にあまり存在していないユニークな教室や塾を開いて、教える人になる
→器用な人なら日曜大工やＤＩＹの教室、作曲教室、特定分野の絵画や写真教

室などがある

など、有意義な時間の過ごし方ならいくらでもある。

無理せず、自身が本当に楽しめ、有意義に感じるテーマと方法を探してみよう。自分のことは、自分が一番知らずにいることが多いから、パートナーや友人・知人に相談してもいい。これまでに自分が熱中したことを洗い出してみると、そこに答えが見つかるかもしれない。

「○○せねばならぬ発想」や「皆と同じ横並び発想」、そして「強迫観念に駆られた発想」はやめておこう。どうせ長続きしない。

テーマを見つけるために、あれこれ自分で試してみるのもいいだろう。そこで新たな出合いがあり、別のテーマが見つかるかもしれない。

④パートナーに相談する

既婚者で自分が何かを始めようと思ったら、パートナーが認めてくれるかどうかを考え、きちんと相談しよう。パートナーの同意を得られずに、勝手に家計に響くことを始めると、確実にトラブルになる。

定年退職後に田舎暮らしをしようと勝手に決めて、いざ実行しようとしたら、妻から「あなただけ引っ越してください」といわれた男がいる。妻たちは夫と違い、時間を掛けて強固な人的ネットワークを既につくっている。余程理解のある妻でない限り、人とのつながりが全くなく、不便で、美味しいレストランやカフェもなく、日焼けと手が荒れる農作業に、つき合ってはくれない。

リゾートに別荘を持つのも、妻に不評を買う場合がある。居場所が変わるだけで、家事がそのままついてまわり、妻の負担は減らないからだ。また虫など昆虫類が苦手な女性も多く、花粉症に悩む人もいる。そんな人が山岳リゾートに暮らすことになったら地獄だろう。

家事がついてまわる別荘より、上げ膳据え膳で毎回違う場所にあるホテルや旅館に出掛けることを喜ぶ妻は多い。

自分の勝手で好きなことをするなら、パートナーにも同様に自由を認め、共稼ぎや定年後なら家事は分担することがまずは前提になる。収入があるから家事は免責されていたことを忘れてはいけない。家事をするのが嫌なら、これまでと同様に家計を支えられるお金を稼いでくる他ない。


パートナーが賛同してくれる条件としては、

・何をするにも家計を圧迫しない。家計費から経費を支出しない
・僅かでも収入につなげる
・パートナーに負担が掛からない（家事が増えず、パートナーのすることにパートナーが拘束されない）

といった点は絶対に押さえておこう。自分がすることで、家族を犠牲にしてはいけない。

⑤必要な資金を計算する

何かをしようとすれば、移動する交通費を始め必ずお金が掛かる。自宅ではなく外に出るなら必須の出費だ。自分がしようとしていることに、どれくらいの経費・費用が必要になり、その費用をどこから捻出するのか。現在の収入から拠出するなら、家計に問題は起きないのか。パートナーが認めてくれるかどうかを考える。

先行投資が必要な場合、事前にその経費をストックしておくことも必要だ。前半戦でも後半戦でも先行投資が必要なら、その費用を生み出すことをまず最優先に実行しよう。会社の給与から費用を捻出するのが難しく、自分のお小遣いを貯めてもたいした金額にしかならない場合には、副業かアルバイトを検討する。

副業やアルバイトは、自分が持っているスキルやこれまで取り組んできた仕事を生かせるものにしておこう。自分の能力を磨く貴重な時間と場になるからだ。僅かな金額の差で、仕事を選ぶことは避けよう。

またキャッシュアウト（出費）を減らす工夫もしよう。交通費が惜しいなら、自転車を使うことを考えればいい。地元の自治体がリサイクルセンターで放置自転車をリサイクルして販売している。これなら安価に入手でき、自分の健康づくりにも貢献してくれる。また無料で使える公共施設を調べ、自分に合った場所を利用する手もある。ようは知恵の使い方だ。

・放置自転車をリサイクルして販売している東京の自治体情報

自治体によって販売時期や形式が異なり、自治体が直接販売しているところもあれば、シルバーセンターに修理を依頼し販売まで任せ、高齢者の再雇用先にしているところもある。購入する際は抽選になり、好きな自転車を選べない場合もある。詳しくは読者が暮らしている各自治体に確認して欲しい。

⑥マネタイズ（収益の捻出）できないか考える

単に時間を消費するだけで終わらず、収入に結びつける方法がないかを考えるのが、マネタイズの視点だ。僅かでも収入に結びつけば、パートナーも喜び、本人の意欲も俄然違ってくる。対価を得られることは、それだけ価値があり、人や社会の役に立っている証しだ。収入を得ながら、自分に心地良い居場所で、面白がれることに取り組めたら最高だ。

ビジネスには企業や法人を相手にする法人向け営業活動（B2Bと呼ぶ）と、生活者を相手にする個人顧客向け営業活動（B2Cと呼ぶ）がある。

B2Bでは仕事の精度や期日などの条件は厳しく、合い見積もりになることが多いが、仕事の受注単価は高くなる。

B2Cの場合には個人が相手になるので、市場は大きくなるが、手間が掛かる割に仕事の受注価格は低くなる。

副業やアルバイトを探す時や起業する際も、この点を踏まえておこう。後述するが、仕事をこなす能力だけで収益は上がらないこともしっかり認識しておこう。仕事は「顧客（法人・企業・個人）」を開拓できて始めて成立する。仕事をこなす能力以上に、顧客を開拓する取り組みが必要なことを忘れずにいて欲しい。

ではどんなマネタイズの方法があるのか、考えられる例をいくつかあげてみる。

・ITに詳しいことを生かし、仕事や副業を見つけたい人のためのホームページづくりや、自営業の人のためのパソコン教室の講師や定期点検サービスを行う

・自営業や事業を営む友人の会社で自分が得意な仕事をさせてもらう。その仕事

が認められれば、定年後に再雇用先としてその会社で働ける可能性が出てくる

・総務で培ってきたノウハウを使い、中小企業の服務規程や退職金規程などをつくる仕事を手助けする。後半戦で仕事をする際の売りものになる

・長年培ってきたノウハウ（趣味・専門的な業務・IT・文章力など）を、前半戦の副業や後半戦の仕事にできないか、具体的な方法論を考え出す

・愛玩動物飼養管理士やペットシッター士などの資格を取得して（資格を取得しても、依頼主を見つける能力は別途必要だ）、動物取扱責任者（これは資格ではない）となり、ペットシッターを行う

・声の良さを生かして、ネット上に書籍（著作権が切れている作品を選ぶ）の朗

読コンテンツをアップし、ユーチューバー（YouTuber）になる

・誰も住まなくなった実家を、会員制度によるウイークリーセカンドハウスとして貸し出し、他の空き家オーナーと連携して利用できるエリアを拡大して利便性と魅力を高める

・クラウドファンディングで資金を調達し、用途のない山林を借りて、エアガンのシューティングレンジ（エアガン射撃場）を運営する

・空き家を利用して、共働き夫婦の子供だけを対象にアフタースクールの学習塾を始める

・お年寄りを対象に、自伝作成塾を催し、完成した自伝は自分のサイトにアップ

する個人のメモリアルビジネスを始める

・趣味を生かして、展示用模型や展示用ジオラマ制作の代行業を始める

・仕事で培った技術を生かし、大人のためのDIY教室を有料で開催する

・自宅や住まなくなった実家を改装して、コスプレファンのための撮影スタジオをつくって運用する

・地元の酒場やバー、居酒屋をくまなく回り、サラリーマンのための夜歩き「のんべえ」マップをサイトにアップする。このサイトにビールメーカーや飲食店などの広告主を集めて、収益を上げるようにする

・離れた場所に暮らしていたり、海外に転勤したりしている世帯のために、定期的なお墓の清掃と、春と秋のお彼岸・夏のお盆にお花を手向けるサービスを立ち上げる

・余裕のある事業主や経営者の子供のための家庭教師やベビーシッター、遊び相手（博物館や美術館に連れていって作品を解説するなど高度な専門性を発揮する）として有料で契約する

・男性なら茶道や華道の先生になる（この世界は男性の先生が少ない）

・高額車所有者専用の代行サービス事業者になる
→クルマのシートやハンドルなどを汚さないように制服と白い手袋をした運転手が運転を代行する

・囲碁や将棋ファンによる素人対局会場として使わなくなった実家を提供する

・単身で暮らすお年寄りの見回りサービスを兼ねた、話し相手ビジネスを立ち上げる（経費はお年寄りではなく、彼らの子供たちに負担してもらう）

・全国のおばあちゃんに取材して、おばあちゃんの家庭料理レシピをネット上にアップし、書籍化（デジタル化）する。また食品メーカーに協賛してもらう

などなど、マネタイズの方法は柔軟な発想で考えよう。

特に自分がこれまで携わってきた仕事や業務を活用して、収益を得られる方法を編み出すのが最善の方法だ。世の中が求めている新しいビジネスを見つけるのも良い視点だ。

「課長をしてきた」「部長をしてきた」ということは、マネタイズするためのノウハウにはならない。現場で活躍してきたプレーヤーにはノウハウが多く、それを求める人が必ずいる。

「楽しそうだから」というイメージだけで、カフェや蕎麦屋などのサービス業を始める人がいるが、これは薦めない。外食ビジネスは素人が経営できるほど甘くなく、競争が熾烈な市場だ。

開業当時は友人や知人が来てくれても、継続して利用してくれる顧客を数多く持たないと、事業は続けられなくなる。プロが開業しても、数年で廃業することが頻発する業界なのだ。

日本政策金融公庫の「新規開業パネル調査」によると、2011年から2015年の5年間で全業種の廃業率の平均は10・2％だが、飲食店・宿泊業の廃業率は18・9％と、全業種中最も廃業率が高い。

厚生労働省大臣官房統計情報部が行った「衛生行政報告例」を見ると、200

9年度時点での全国の飲食店の数は144万店で、毎年16万店ほどの飲食店が新規出店していたが、2014年と比較してみると飲食店施設数は142万店と減少し、新規出店よりも廃業している事業主が多いことがわかる。

飲食や宿泊などのサービス業では設備投資の金額が大きく、事業が上手く回らないと赤字になるだけでなく、投資した資金が回収できず、負債が増えてしまう。起業して5年以内の廃業率の数字を見ても、廃業が飛びぬけて多いのがサービス業だ。せっかく起業しても廃業することになり、借金まで抱えてしまっては意味がない。

外食ビジネスで成功できる人なら、最初から会社勤めなどせず、とっくに起業しているはずだ。

⑦簡単な事業収支をつくってみる

自分がしたいことを実行するには、どれだけの経費が必要になるか。リターンを得られるようになるには、どれだけ先行投資の期間が必要かを、ざっくりと見積もる。

副業やアルバイトを探すなら、自分のスキルが生かせ、収入がそれなりに見込める業種や職種を探そう。

収益を上げるマネタイズの方法を発案した場合は、事業を始めるのにどれだけの経費が必要になり、どの時点で、どれだけの収入が見込めるようになるかを計算する。

会社勤めの人にありがちなのだが、スキルを身につけるために学校や専門学校に通い、専門性を身につけたらすぐに事業を始められると思い込んでいる人がいる。ビジネスは専門性を高めたからといって、顧客（取引先）が自然に集まるわけではない。

ノウハウを磨いてスキルアップするだけでなく、顧客を集める施策（広告や広報活動、販売促進策など）や顧客に継続利用してもらい、さらには顧客確保を維持する施策（反復利用してもらう仕組み）に必要な経費を、必ず計画の中に加味しておく。

多少専門性を持っているからといって、仕事や顧客が生まれるわけではない。自分にはとてもかなわない能力を備えた人が、世の中にはたくさんいる。また仕事は専門的な能力だけで依頼されるとは限らない。

能力に加え、その人の責任感や誠実な人柄、アフターサービス、フォローアップなどの面倒見の良さ、そして一緒にいて心地良い性格の持ち主かどうかも、仕事を依頼する判断基準になる。

弁護士や会計士といった専門家でさえ、依頼主は専門性の高さだけで仕事を発注していない。アメリカの書籍『できない人ほど、データに頼る』（ダイヤモンド社刊）を著者が監修した際に、次のような気になる記述があった。

「どういう弁護士がクライアントから好かれるかは、夜一緒に仕事をすればすぐにわかる。会議室にこもりプレッシャーの中で何かを成し遂げると、一緒に取り組んだという達成感がお互いにあるものだ。しかしクライアントに好かれない弁護士とは、たとえ1時間たりとも彼らと一緒にいたくないと思う。（中略）（優秀な弁護士は）仕事の質を高め、顧客と友好的な関係を築きながら仕事を成功に導く」のだとあった。

実利主義のアメリカでさえ、実際には能力だけではなく、その人の人柄や人格が重要だと指摘している。これは日本も同じだ。

能力が高く知的な人ほど、座して顧客を待つタイプが多い。専門性に秀でていて知的な人は、人に頭を下げることができず、上から目線になってしまう場合がある。人は一緒にいて心地良い人と仕事をするということを記憶しておこう。

顧客を座して待つのではなく、フェイスブックやインスタグラム（Instagram）、ブログなどのSNSに魅力のあるコンテンツや画像をアップし、ファンやフォロワーがつくれる人は、前半戦も後半戦も有利だ。顧客がつくれる人は、事業の継続率が高く、収益性も期待できる。

⑧計画を立てた上で行動を起こす

事業収支を見て、無理がありそうなら、実施時期に余裕をとるなり、先行投資の方法に代替案はないかなど工夫してみる。

何とかできそうだと判断したら、行動を起こそう。

計画はあくまで机上論だから、実際に始めてみて、無理があればその都度修正すればいい。副業やアルバイトなら、月にどれだけするのか。居心地の良い場所を見つけたら、いつもそこに出掛けるのか、曜日を決めるのか。またスキルを磨くために学ぶなら、1日あたりどれくらいの時間を、どこで費やすのか。どれも始めてみて、頓挫しないように修正を掛けながら進めればいい。

会社の仕事ではないのだから、副業やアルバイト、また学校で学ぶ時には無理せず、もっとしたいと思う段階でその日を切り上げれば、継続性が増す。だが目標はあらかじめ設定しておこう。目標がないと、取り組み方がいい加減になり、挫折することになる。

マネタイズする気がなく、有意義な時間だけを過ごしたいなら、最低限必要な費用をどこから調達するかを必ず踏まえよう。暇つぶしは、意外にお金が掛かるものだ。


副業を見つけたり、人生の後半戦をどう生きるかを考えたりする時、人任せや斡旋を受けるといった受身の姿勢では選択肢は限られ、その条件は厳しくなる。

大勢の人たちが楽をして仕事や副業を見つけようと、斡旋会社に登録するからだ。斡旋されなければ顧客や後半戦の生き方を見つけられないとしたら、これまでの人とのつき合い方を見直した方がいい。人を助けたことがなければ助けられる人にはなれず、人を大事にしてこないで生きてきたなら、大事にされる人間にはなれないからだ。

世の中でチャンスを与えてくれるのは人だ。このセオリーを忘れずにいて欲しい。

第6章

自分に最適で、居心地の良い時間と居場所を探す

快適な空間を探してみる

自分が選んだテーマによって、時間の過ごし方は千差万別だ。

何かを研究し、あるいは専門家を目指して知見を磨くなら、できる限りお金が掛からず、しかも快適な学習スペースがいる。副業の仕事を会社帰りに取り組むスペースが欲しい人、自宅では仕事に集中できないので、仕事場が欲しい人もいるだろう。週末に自宅を離れ、自分の時間を過ごしたい場合には、費用負担が少なく長時間利用できる静かな場所が欲しいはずだ。

まずはこうした人のための、快適な空間を探してみる。

利用する際の目安として、その難易度・経費度・知性度（教養度）をそれぞれ表示した評価表を、1～5点で著者の主観でつけているので、参考にして欲しい。

①定期的に利用できる居心地の良い快適な場所を見つける

・公立図書館と私設の有料図書館、大人の自習室を利用する

公立の図書館や自習室、私設の有料図書館を書斎や自習室、オフィスとして利用する方法だ。仕事をする場所なら、シェアオフィスやレンタルオフィスを借りるよりも割安だ。有料の特別席であっても、座席がいつも確保できるわけではないので注意しよう。

特別席を利用するには費用が掛かるから、単なる暇つぶしの場所ならキャッシュアウトしない一般席の利用になる。

〈評価表（評価は1～5で表示）〉

●難易度　1～2

●経費度　1～5

●知性度　3〜5

〈参考事例〉

○日比谷図書文化館

4階の特別研究室には、間仕切り付きの有料席が32席ある。会員制ではなく18歳（高校生を除く）から利用できる（貸出券が必要）。料金は2時間300円。開室時間は平日10時〜20時まで（土曜は18時、日曜祝日は16時まで）だ。

開館時間　10時〜22時まで（土曜は19時、日曜祝日は17時まで）
休館日　毎月第3月曜日・年末年始（12月29日〜翌年1月3日まで）、特別整理期間
問い合わせ　03－3502－3340

○武蔵野市立ひと・まち・情報 創造館　武蔵野プレイス

「武蔵野プレイス」は、「武蔵境のまちづくりの推進」の一環として、西部図書館を移転拡充し、図書館機能を始めとした「生涯学習支援」「市民活動支援」「青少年活動支援」等の機能を併せ持った複合機能施設だ。

ここには落ち着いて書斎的に使える有料の個人席が用意されている。登録会員制度もあるが、一般も利用できる。各席で電源が使用でき、館内の無線ＬＡＮも使用できる。

開館時間　9時半～22時
休館日　毎週水曜日（祝日と重なる場合は開館し、翌日休館）、年末年始、図書特別整理日
問い合わせ　０４２２－３０－１９０５

○アークヒルズライブラリー（赤坂）

20歳以上の個人なら入会の資格があり、朝7時から24時までワークスペース・メンバーズカフェ・シェアラウンジという3つのスペースを利用できる（全エリアに無線LAN、電源完備）。

初回事務手数料	5,000円（税別）
月会費	9,000円（税別）
年一括払い	100,000円（税別）
支払い方法	クレジットカード
開館時間	7時〜24時
問い合わせ	ライブラリー事務局（受付時間　平日10時〜18時30分）
メールアドレス	library@academyhills.com
電話	03-6406-6650

○食の文化ライブラリー

「味の素　食の文化センター」が１９８９年以来収集してきた食文化やその周辺分野の書籍、雑誌等を所蔵する食の専門図書館。誰でも自由に利用でき、１００円で図書カードをつくれば、5冊まで3週間の貸し出しも行っている。

開館日　毎週月曜日〜土曜日
閉館日　日曜・祝祭日、年末年始、図書整理期間、臨時休館日
開館時間　10時〜17時
問い合わせ　https://www2.syokubunka.or.jp/inquiry/toiawase_input.asp

○六本木ヒルズライブラリー

六本木ヒルズの49階にあり、会員になれば朝7時から夜24時まで後述する３つのスペースを利用できる。このライブラリーは建築家、隈研吾氏によるデザインだ。

・グレートブックスライブラリー（7時〜23時）
・ライブラリーカフェ（7時〜23時）オーダーは8時〜22時30分
・ワークスペース（7時〜24時）
全エリアには無線LANが配備され無料で利用できる。

初回事務手数料　5,000円（税別）　月会費　9,000円（税別）
年一括払い　100,000円（税別）　支払方法　クレジットカード
開館時間　7時〜24時（最終入館23時）
問い合わせ　ライブラリー事務局（受付時間　平日10時〜18時30分）
メールアドレス　library@academyhills.com
電話　03-6406-6650

〈グレートブックスライブラリー〉

四方の壁が天井から床まで書棚となっている贅沢な空間。椅子もゆとりをもって配置され、くつろぎながら読書が楽しめる。

・席数10席
・高速無線LAN／バックボーン1Gbps
・電源完備

〈ライブラリーカフェ〉

天井高7メートルで開放的な窓からは、東京の景色が一望できる。

・席数114席
・高速無線LAN／バックボーン1Gbps
・電源完備
・複合機（コピー、プリントアウト）（有料）

・飲料自販機とフレッシュネスカフェを併設

〈ワークスペース〉

7時から24時までオープンしており、仕事や勉強に最適な静かなスペースだ。眺めが良い席や集中したい時に適した一角など、用途や気分に合わせて自由に選択できる。

・席数202席
・高速無線LAN／バックボーン1Gbps
・電源完備
・月極ロッカー（有料）
・複合機（コピー、プリントアウト）（有料）

②仕事をするためのスペースを探す

・シェアオフィスやレンタルスペースを仕事場として使う

自宅で仕事ができない。あるいは自宅では仕事をしたくない人は、有料のシェアオフィスやレンタルスペースを借りて、仕事場として利用する方法がある。

副業やアルバイトで安定した収入がない場合や、事業を立ち上げた当初は、できるだけ経費を抑えてキャッシュアウトしないように心掛けた方が賢明だ。こうしたスペースを借りるのは、定期的に収入が得られるようになってからにしよう。

〈評価表（評価は1〜5で表示）〉

●難易度　1〜2
●経費度　3〜5
●知性度　2〜3

〈参考事例〉

○ビジネス・エアポート

東急不動産株式会社が運営しているシェアオフィスで、青山など都内に6カ所ある。

東京都港区南青山3－1－3　スプライン青山東急ビル6階

http://business-airport.net/

問い合わせ　0120－172－109

○Creative Lounge MOV

コクヨファニチャー株式会社が運営しているシェアオフィス。

東京都渋谷区渋谷2－21－1　渋谷ヒカリエ8階

http://www.shibuyamov.com/

問い合わせ　03－4533－8000　営業時間9時～22時

○ co-lab 渋谷キャスト

春蒔プロジェクト株式会社が運営しているシェアオフィス。個人で活動するデザイナーや建築家、アーティストなど異業種のクリエイターのためのシェアード・コラボレーション・スタジオ。

契約形態は、大きく2種類で、専用スペースと共用部を両方利用できるレジデンスタイプと、共用部のみを利用するノンレジデンスタイプがある。

レジデンスタイプは、個室タイプのルーム会員とアトリエ会員、半個室タイプのスタジオ会員、専用の棚やデスクがあるブース会員、専用デスクのみのデスク会員の5種類。

ノンレジデンスタイプは、共用スペースのみ利用するフレックス会員の1種類のみだが、住所を利用して郵便受け取りをするか、ロッカーを使うかなど、いくつかのオプションが選択できる。

レジデンスタイプ会員のみ、会社登記することが可能。またレジデンスタイプとオプションで住所利用を追加したノンレジデンスタイプは、住所を利用して郵便受け取りをすることができる。

入会審査を通過した会員のみが利用でき、年齢層は30〜50代を中心とした落ち着いた雰囲気。コミュニティ内部でのコラボレーション誘発を行っていることが特徴で、駐在するコミュニティ・ファシリテーターがメンバー同士のマッチングなどを行っている。また、「co-lab」として内外部から仕事を受注して、シェアオフィスの会員同士でプロジェクトチームを組織して仕事を行うなど、クリエイション・ドゥ・タンクとしても活動している。

co-labの拠点は、渋谷以外に、代官山・二子玉川・墨田亀沢・日本橋横山町にもある。

東京都渋谷区渋谷一丁目23番地21　co-lab渋谷キャスト

http://co-lab.jp/

問い合わせ　03－5778－9173

③不定期に利用するのに適した場所を探す

不定期、あるいは期間限定で有意義な時間が過ごせ、あるいは知的な情報を得られる場所や方法だ。自身に研究テーマがあれば、その内容に合致する催しやイベント、会員制度を探して参加する。単に暇をつぶしたいなら、興味のあるものを選んで参加する。

〈評価表（評価は1～5で表示）〉

●難易度　1
●経費度　2～3
●知性度　2～5

・美術館や博物館のサポーターになって利用する

公立私立を問わず美術館や博物館はサポーター制度や会員制度を用意している。こうしたシステム（または仕組み）には多様な特典があり、知的な刺激を受けたい人や研究テーマがある場合に利用しよう。どんな人たちが集まっているのかを知ることも有益になり、事業化のヒントを得られる場合もある。

〈参考事例〉

○横浜美術館　コレクション・フレンズ

個人参加型芸術支援プログラムで、1口10,000円で誰でも参加できる。女性会員のみならず、近年は30～40代の男性会員やシニア男性も増えているようだ。

〈特典〉

1．ギャラリートーク（年4回開催）

年度ごとに設定されるテーマ作品が制作された時代背景や、作家の人となり、交友関係、技術的な解析など、様々な側面から作品を鑑賞できる。ギャラリートークの後には、学芸員や美術館スタッフと交流もできる。

2．レクチャー&交流会（年2回開催）
レクチャーでは、学芸員の日々の仕事を通して美術館の内側を紹介する。一般向けのイベントでは取り扱わないテーマを取り上げる。レクチャー後の交流会は、参加者も美術館スタッフと共にアート談義に参加できるイベントだ。
https://yokohama.art.museum/collection/friends/index.html

○東京国立博物館　メンバーズプレミアムパス
総合文化展（平常展）も特別展も両方楽しみたいという人におすすめ。総合文化展は何度でも観覧でき、東京国立博物館の特別展観覧券が4枚、特別展は国立博物館4館（東京・京都・奈良・九州）ともに割引料金（団体料金）で観覧できる。

年会費　一般5，000円　学生3，500円　1年間有効（税込）

〈特典〉

・国立博物館4館の総合文化展（平常展）を何度でも観覧できる。

・東京国立博物館の特別展観覧券が4枚もらえる。

・国立博物館4館の特別展を割引料金（団体料金）で観覧できる。

メンバーズプレミアムパスは、インターネットから申し込める。

http://www.tnm.jp/modules/r_free_page/index.php?id=1855

・大学の社会人講座に通う

全国の大学は社会人向けの多様な講座を用意している。有料だが専門性を磨き、あるいは新たな視点を学びたい時に利用できる。

〈参考事例〉

○明治大学リバティアカデミー

明治大学の知的財産を社会に還元するために設置している生涯学習拠点で、駿河台キャンパス、和泉キャンパス、生田キャンパス、中野キャンパス、黒川農場の5拠点で年間400を超える講座を開設し、約20,000人が学んでいる。

〈過去に開催された講座例〉

・ブランド・マネジメント（全4回19時〜21時）駿河台キャンパス
　受講料16,000円
・新しい株式投資への第一歩（全6回19時〜20時半）駿河台キャンパス
　受講料24,000円
・歴史に学ぶ人間力シリーズ（全5回10時半〜12時）駿河台キャンパス
　受講料15,000円

・起業家入門講座（全4回19時〜20時半）駿河台キャンパス

受講料12,000円

・シニア割引を有効活用して自分らしい居場所を見つける

定年した人や60〜65歳以上の人向けのシニア割引を活用して、自分の居場所にする方法だ。副業やアルバイト、事業化に向けた視察や見学が目的でなければ、お金が掛かる「暇つぶし」になる。

〈参考事例〉

○東京ディズニーリゾート

ワンデーパスポート大人7,400円が、65歳以上のシニアの場合は6,700円になる。東京ディズニーランドもしくは東京ディズニーシーのどちらかのパークが1日楽しめるパスポートだ。

○東京お台場大江戸温泉物語

毎週月曜日と火曜日はシルバーデー（祝日が重なった場合は割引なし）で、60歳以上の人の入館料が半額になる。

日中料金　通常2,720円↓1,360円

ナイター料金　通常2,180円↓1,090円

○USJ（ユニバーサル・スタジオ・ジャパン）

ワンデイ・スタジオ・パス大人7,900円が65歳以上のシニアの場合は7,100円で利用できる。

○映画館

ユナイテッドシネマやTOHOシネマズ、Tージョイなど多くの映画館で大人

1,800円の入場料金が60歳以上であれば1,100円になる。また「夫婦50割引」では、夫婦のどちらかが50歳以上なら、入場料金が2人で2,200円になる（同一日時の同一作品を鑑賞する場合に限る）。

拘束されず、目的に合わせて自由に利用できる場所を選択する

特定の場所に拘束されることなく、自分の目的や用途、気分によって自由に利用できる場所をいくつも持っておくと便利な上に、気分転換のスペースになる。用途としては書斎代わりや打ち合わせ、趣味の場、そして時間つぶしまで多様だ。既に一部のカフェや喫茶店では高齢者の利用が目立っている。

お茶代とはいえ費用が必要な場所もあれば、見るだけなら無料で利用できるところもあり、目的に合わせて選ぼう。

〈評価表（評価は1〜5で表示）〉
●難易度　1〜2
●経費度　2〜3
●知性度　2〜4

・街のカフェを書斎代わりに使う

スターバックスからタリーズ、ドトール、プロント、エクセルシオール、ルノアール、コメダ珈琲店まで多様なタイプのカフェがある。各店舗にはそれぞれ客層の異なる利用者がいる。目的に合わせて、自分に居心地の良い場所を見つけよう。

店舗によっては充電コンセントが用意されていない店舗もあるので、パソコンやスマートフォンを利用する際は事前に調べておこう。

・テーマを決めて研究したり、テーマを見つけたりするために大型書店に通う

図書館と違い、街の大型書店は新刊本や雑誌も含めて、多様な刊行物に出合える。ネット書店にはない書籍との出合いもあるので、リアルの書店で使い勝手の良い場所を見つけておこう。

代官山、函館、武雄図書館、イオンモール幕張新都心にある蔦谷書店は本を売るだけの施設ではなく、音楽や映画まで揃えており、そこで過ごす「時間」を楽しめる空間だ。また首都圏（東京・千葉・神奈川）にある有隣堂はカフェを併設した店舗もあり、良い書店だ。

・ワインショップでワインの試飲をしながら、ワインの知識を得る

品揃えと試飲ができる大型ワインショップは、ワインについて学べる最高の場所だ。値段の張るワインは有料の試飲になる。毎回無料の試飲だけで帰るのはマナー違反だから、あれこれ試飲したらどれかは買い求めよう。

お薦めできるお店は、全国に店舗を展開するエノテカだ。

・SNSのオフ会に参加して知り合いを増やす

フェイスブックなどSNSで知り合いができ、オフ会の催しがあったら参加してみる。新しい人たちとの出会いは刺激になる。最初から高望みせずに、気軽に参加することを薦める。

・カラオケボックスで楽器を練習する

スピーカー・アンプを使わない楽器の練習をしたい時には、カラオケボックスを利用する方法がある（店舗の施設環境により一部店舗で利用できない場合もある）。ビッグエコーでは店舗によって料金が異なるが、会員になると割引価格で利用できる。

カラオケボックスではなく、自動車の中で練習する方法もある。

自分だけの時間を持つために、小さな旅に出る

家族から離れて、しばし自分だけの時間を持つため、負担の少ない小さな一人旅に出る方法がある。この場合も経費が必要だから、前もってパートナーと相談して、準備しておこう。

〈評価表（評価は1～5で表示）〉

●難易度　1
●経費度　2～5
●知性度　1～3

・大型バイクで、仲間と共に定期的にツーリングに出掛ける

オートバイが好きで仲間が欲しい人なら、ハーレーダビッドソンを入手し、

ハーレーダビッドソンの正規ディーラーが運営するＨＯＧ（ハーレー・オーナーズ・グループ）に加入すれば、仲間と共に定期的にツーリングに出掛けられる。無線を使って会話できる機器があるので、オートバイの走行中でも楽しく走れる。

・ひとりドライブ

夜の高速道路を気に入った音楽をかけながらクルマで疾走するのは楽しい。首都高速ならアクアライン経由で千葉県の房総半島に行き、漁港で刺身や浜焼きを楽しむのもいい。でもお酒は飲めないよ。

・日帰り温泉施設でまったりする

日帰りで利用できる温泉施設が全国にできているから、気が向いたら出掛けてみる。

〈参考事例〉

○荻窪天然温泉なごみの湯

露天風呂・炭酸泉・バイブラバス・ジェットバス・ボナサウナ（サウナ室のベンチの中にサウナストーブが格納されているサウナ）・ミストサウナ・岩盤浴など多様なお風呂が用意され、オイルリンパマッサージや体幹ストレッチ・ボディケア・アカスリなど盛り沢山の選択肢がある。

住所　東京都杉並区上荻1－10－10
TEL　03－3398－4126
料金　大人1，800円
駐車場　提携駐車場有り（要問い合わせ）

○小田原お堀端　万葉の湯

屋上露天風呂・貸切風呂・ハーブスチームサウナ・ハーブドライサウナ・フットケア・アカスリ・タイ古式&オイルリンパ・骨盤ストレッチなどがある。

住所　神奈川県小田原市栄町1－5－14
TEL　0465－23－1126
料金　大人（中学生以上）　2,300円（税別）
駐車場　有り

○縄文天然温泉　志楽の湯

露天風呂・御柱蔵石風呂（男湯）・勾玉湯《まがたまゆ》・倉石風呂（女湯）・味噌樽風呂・海底洞窟蒸し風呂（女湯）・ドライサウナなどがあり、隣接する川崎生涯研修センターで個室による宿泊もできる（税金と入湯料込みの宿泊料金が5,150円）。

住所　神奈川県川崎市幸区塚越4－3114－1
TEL　0120－650－711
料金　大人（中学生以上）平日970円　土・日・祝日1,150円
駐車場　60台（無料）

・ひとりオートキャンプ・グランピング

愛車を使ってキャンプに出掛けたい人なら、好みのオートキャンプ場を探して利用する。

〈参考事例〉

○満願ビレッジオートキャンプ場

長瀞を代表する温泉、秩父満願の湯に隣接するオートキャンプ場。テントサイトはキャンプ場内で一番見晴らしの良い場所にある。テントサイトはハンモック

フックつき。近隣にはスーパーやホームセンターも充実している。

営業期間　通年営業（テントサイト区画は12月〜2月まで休業）
定休日　有り（1月、2月に定休日有り）
施設タイプ　区画サイト、コテージ、トレーラーハウス
住所　埼玉県秩父郡皆野町下日野沢3902－1
電話番号　0494－62－4726
アクセス　関越道・花園ICより車で約30分
駐車場　有り
料金　【区画サイト】施設利用料1,100円 or 2,200円＋2,200円／大人1人＋500円／子ども1人　【コテージ】10,000円〜（シーズンカレンダー参照）

○北軽井沢スウィートグラス

浅間山のふもとに広がる約3万坪の広大な敷地にあるオートキャンプ場。広い場内にはアスレチック、トランポリン広場、ツリーハウス、ドッグランなどの施設がある。

営業期間　通年営業
定休日　なし（冬期メンテナンス休業期間あり）
施設タイプ　区画サイト、キャビン、コテージ
住所　群馬県吾妻郡長野原町北軽井沢1990－579
電話番号　0279－84－2512
アクセス　上信越道　碓氷軽井沢ＩＣから約50分
駐車場　有り
料金　【テントサイト】2,600円～

【キャビン】7,200円～
【コテージ】15,400円～

・ひとり小旅行・各駅停車の旅

ふらりと電車に乗り、日帰りの小旅行に出るのもいいものだ。

○東京から1番近くて棚田で湯めぐりができる／秩父・横瀬駅の寺坂棚田

駅から歩けて温泉もある秩父、西武秩父線横瀬駅の寺坂棚田は穴場だ。田に水が張られ、稲が見られる春夏秋に加えて、雪景色になる冬も一見の価値がある。

○歴史を感じさせる建物／埼玉県本庄市・競進社

養蚕の専門学校高山社（群馬県）は世界遺産に指定され、富岡製糸場のツアールートに入っているが、高山社を設立した高山長五郎の弟が建てた同様の施設の競進社が埼玉県本庄市にある。ＪＲ八高線児玉駅から徒歩5分程度で、比較的すいている。

これらは、お薦めできる穴場だ。

仲間が欲しいなら、ＳＮＳで日頃から知り合いを増やし、旅先で会えるようにするなど工夫するとより一層楽しくなる。

快適な時間を過ごせる場所を探そうとすると、無料では限りがあり、有料になると施設のレベルが高くなるに連れて利用料金も高くなる。リピーターになれば知り合いも生まれるが、負担できるコストを勘案して利用することになる。

読者が暮らしている地元で、手軽に利用できる施設や空間がないかネット検索して最良の場所を探して欲しい。

第7章

人生の後半戦を楽しく過ごすために必要なこと

前半戦の男たちが後半戦に向けて準備しておきたいこと

自宅にいても居場所がなく、早い時間に帰宅したくない男たち。そんな男たちが仮に別の女性と一緒になっても、恐らく同じ境遇が待っている気がする。既婚者が配偶者からその存在をうとまれない秘訣、それはパートナーに負担を掛けずに暮らすことだろう。もし家事などで相手に依存するなら、いつまでもそれなりの収入を得て、家事をしてもらった負担に対して生活費としてお金を渡して暮らすことだ。そして自宅にいなくても、自分が好きなように時間が過ごせる場所と方法を持つことだ。

会社勤めの人は、会社を卒業する時が必ず訪れる。人生の後半戦で遊んで暮らせるお金があればいいが（遊んで暮らすには、それなりの才覚がないと続かないのだが……）、そうでなければ年金収入を補い、有り余る時間を有意義に過ごせるよう、今から考え、できることから準備しておこう。

定年後は妻とふたりで過ごせると安易に思い込んだり（妻は別のことを考えているかもしれない）、ひとりよがりの計画を勝手に実行したりせず、自立して生きていけるようになろう。会社を退職しても、社会から求められる存在として生き続けられることを目指そう。元気なのに何もすることがない後半戦は、試合放棄に等しい。

収入を得る方法は「会社勤め」だけではない

定年した人が、元気なのに何もすることがなく、無為に時間を過ごしている姿を見かけることがある。会社一途（仕事一途ではない）の人にとって、会社には日々通える自分の居場所が確保されていた。それが突然自分の居場所がなくなるわけだから、焦燥感に襲われて当然だ。

これまで会社と家庭というふたつの居場所を持っていた人たちが、再び家庭とは別の居場所が見つかれば、心は落ち着く。だが自分の力で、仕事やしたいことを見つけないと、心は満たされない。

会社勤めの人にとって仕事とは、会社から与えられるものであり、たとえ不本意ではあっても仕事はあった。

本来、仕事とは自分で見つけ、自分で工夫していくものだ。だが仕事を与えられ続けた人が、突然自分で仕事を見つけようとしても、簡単には見つからない。人生の後半戦でも会社から仕事を与えてもらおうと考える人が多いから、選択肢が限られてしまうことに気づこう。

自分の仕事は、自分で見つける。そう考えれば、定年後に「雇ってくれる会社」を探すのではなく、定年後に『自分がしたいこと』で『自分にできる仕事』を探せばいい。

収入を得るための働き方

仕事をして収入を得るには、3つの方法がある。

①自分が動いて仕事をする

・会社に雇用してもらい、会社から与えられた仕事をして給与をもらう方法

会社勤めしか知らない人は、この発想に縛られ、仕事ではなく、会社を探そうとする。在職中に会社の仕事をしながら自分の専門性を高める取り組みをすれば、後半戦の選択肢は大きく広がる。

お金のために仕方なく働いてきた人は専門性を高めていないことが多く、副業も定年後の仕事も仕方ないものしか選べない。その一方主体的に仕事に取り組んで自身のスキルを向上させ、人との縁を大事にしてきた人なら、良い条件の副業や仕事の声が掛かるはずだ。

自分はどちらに属すのかを知りたければ、今、自分はどんな副業に就けるのかを調べてみればわかる。

・フリーランスや自営業者として働いて収入を得る

専門性や特技、趣味などを生かしてフリーランスや自営業者として仕事を受注し、収入を得る方法がある。専門性を磨くだけではなく、継続的に仕事を発注してくれる相手を見つけるための営業活動や継続受注を受けられる仕組みづくりも欠かせない。

前半戦では会社勤めをしながら専門性を磨いていき、後半戦にはその専門性によって会社に属さず仕事を請け負うという方法もある。そうなるためには前半戦のうちから副業を通じて自分の価値を高め、取引先になりそうな企業や経営者との関係づくりに勤しんでおこう。

②人に動いてもらう仕事をする

収益を上げる仕組み（ビジネスモデル）を考えて企業を立ち上げ、社員を雇って働いてもらう、いわば経営者になる方法だ。経営者は収益を得る仕組みを考え、あるいは既にある収益を上げる仕組みを使って、人を雇って働いてもらい、収益を上げる。組織にすることで、売上や規模は拡大する。

経営者自身が動かないと会社が回らない仕組みだと、自営業と変わらなくなり、組織にして事業の規模を拡大することは難しくなる。例えば弁護士や会計士なら自分ひとりで開業する人と、人を雇用して法人としてスケールメリットを生かすのでは、売上も仕事の内容も大きく変わってくる。

③お金に働いてもらう

自分が持つ資金を使って、金融商品を購入して運用したり、株式投資を行ったり、さらには所有する不動産を活用（空いた部屋や実家を貸したり、昼間は空いている駐車場を貸したりする）して、運用益を捻出する方法だ。自分や他人が動く代わりに、お金や所有する不動産に働いてもらう発想だ。富裕層はこうした方法で自己資産を増やしていく。

この方法はお金を増やすことが目的なので、仕事とは呼べないかも知れない。また株価や為替は、政治や事件などによって絶えず変動するので、運用方法を見直すために、終日パソコンの画面を見て暮らす個人投資家もいる。

前半戦にどのような仕事をしていても、後半戦に収入を得られる能力に昇華できれば、何より強みになる。お金を得るだけではなく、社会との繋がりも継続する。後半戦に自分を社会に「売れる」スキルを高め、後半戦での選択肢を増やせるようにしておこう。

専門家・プロフェッショナルとして仕事ができる人

専門性を発揮し、自ら取引先を見つけ、仕事を継続できる専門家やプロフェッショナルには定年という概念はなく〝自分で自分に見切りをつける〟まで仕事を続ける。

専門家やプロフェッショナルの仕事とは、手に職を持つ人だと考えがちだが、それは一面的に過ぎず、職業も職種も豊富だ。

開業医（医師・歯科医・獣医など）、弁護士、会計士、税理士、司法書士、建築家など有資格者。

カメラマン、コピーライター、グラフィックデザイナー、インテリアデザイナー、ウェブデザイナー、ファッションデザイナー、システムエンジニア、脚本家、演出家、音楽家、歌手、舞踊、舞台美術、舞台衣装デザイナー、特殊メイクアーティスト、映画監督、作家（小説・旅行・エッセイ・放送・映像・絵画・陶芸など)、DJ、EDM (Electronic Dance Music クラブやパーティ、フェスティバルなどで顧客を踊らせるための音楽で、2000年代半ばから欧米の若手DJを中心に広がった) といったアーティスト系。ネットを使ったユーチューバー、アフィリエイター。

また職人さんカテゴリーだと料理人 (シェフ・板前)、ソムリエ、バーテンダー、大工、左官、メカニック、特殊車両の運転手、整備士などがある。

専門家やプロフェッショナルとして能力を備えていても、継続して取引先を見つけることができないタイプは、会社に所属して仕事をすることになる。自分を売り込み、取引先を見つける営業能力がなければ、会社勤めの人と変わりはない。「手に職をつければ食べていける」と考えるのは早計で、取引先を見つけられないと淘汰されてしまう。

この世界では有名になれば収入は当然増えるが、仕事を依頼する側に飽きられてしまうと短命に終わる。仕事を継続的に受注できれば、安定した経済基盤がつくれる。

前半戦に会社勤めをしながら自分の仕事の能力を高め、後半戦で専門家やプロフェッショナルとしてフリーランスになることは可能だが、取引先を継続して見つける手段を持つ必要性を十分念頭におこう。

専門家やプロフェッショナルが若い時は、年長者に可愛がられて仕事がくることが多い。だが中高年以上になるとそうはいかなくなる。いつも仕事がくる専門家やプロフェッショナルとは、年下の人たちから好かれ、仕事を依頼しやすい人だ。

有名になっても、年下のクライアント（仕事の依頼主）から仕事がやりにくいと思われたら、もう仕事はこなくなる。この世界は会社という看板を持たない分、自分をブランド化させつつ、人から好かれる性格を持ち合わせることも欠かせない。

趣味と実益を追求する

単なる時間つぶしではなく、趣味と実益を兼ねた仕事や趣味を見つけて取り組みたい。だが、これをマネタイズできる人は限られ、そんなに甘いことではない。

成功する秘訣は、

- 競争相手が少なく非常に限定された領域（ニッチ）を狙う
- 集客する方法を絶えず考えて実行する
- SNSで定期的に情報を発信してファンをつくり、そして増やす
- マネタイズの方法を前もって考える
- お客さん（ファン）の力を借りて、情報をネット上に拡散する

といった取り組みが欠かせないだろう。

・自家菜園を手掛けて野菜の自給自足を目指す

戸建ての家で庭がある人ならその場所を使い、マンション住まいの人なら近所の有料レンタル菜園を借りて、野菜を育て、自家消費することから始める。上手くつくれるようになったらお裾分けして、徐々にファンを増やして購入してもらえるようにする。

畑を貸し出す法人は郊外に立地しているところが多いので、通うのに時間が掛かるようでは上手くいかない。有料レンタル菜園では必要な道具類は貸し出してくれるので手ぶらで行け、指導を受けられる。場所によっては自由な作づけができないところもあるので、事前にチェックしよう。

〈評価表（評価は1〜5で表示）〉

●難易度　2〜5

●経費度　2〜4

●知性度　2～3

・**農地を借りて農家になる**

農地を購入するには高額な自己資金が必要になり、不動産取得税や固定資産税などの納税が発生する。新規に就農したい人はまず農地を借り、軌道に乗ってから購入することだ。

農業公社の補助制度には、農地を5年ないし10年貸し付けた後に売り渡す「農地保有合理化事業」があり、担い手育成タイプや長期育成タイプなどのプランが用意されている。詳しくは市町村農業委員会か農地保有合理化法人に問い合わせて欲しい。

〈評価表（評価は1～5で表示）〉

●難易度　2～5

●経費度　2〜5
●知性度　2〜5

・誰も住まなくなった親の空き家を使いビジネスを始める

誰も住んでいない実家があれば、借り手がいないか探してみる。借家にする場合には相場よりも幾分低い賃貸料にしておけば、長期間借りてもらえる可能性が出てくる。

不動産賃貸業を行う場合、所有する賃貸物件が少ないと、必要経費に計上できる科目がほとんどない。例えば立地が異なり移動するのに時間が掛かる物件を複数所有していれば、移動用に車を持つことができるが、物件がひとつでは認められない。

控除される科目と費用が少なければ納税額が増えるので、事前に調べておこう。
また実家を相続した場合には、不動産取得税や固定資産税などの納税も発生するから、納税資金をプールしておくことを忘れずに。

借り手がいない親の住宅（立地の悪い空き家はこうなることが多い）が、自宅から通える場所にあれば仕事場として使うなり、地元で必要とされる事業やサービスを提供するスペースにする。

〈評価表（評価は1〜5で表示）〉

●難易度　2〜5

●経費度　2〜5

●知性度　2〜4

〈空き家の活用法（例）〉

・仕事部屋として使う

・地元の子供向けに塾やおけいこ教室を定期的に開く（自分が先生になれる場合）

・夏休み限定の宿題用工作教室やＤＩＹ教室

・鉄道ファン向けの有料スペース

壁を取り払って大きな鉄道模型用のジオラマをつくり、そこで鉄道模型ファンが自由に模型を走らせることができる有料スペースをつくる。ネット経由で予約を受け付け、全日はもとより週末だけ開放することも可能だ。立地が悪い物件なら、相当数の来客が見込めるように駐車場を用意しておこう。また会員制度にして顧客の組織化を図り、恒常的に利用してもらえるようにメルマガなどで利用促進策を展開する。

鉄道模型だけでなく、軍艦用のプールや戦車などミリタリー模型用のジオラマなどを用意して、RCで走らせる会場にすることもできる。
こうした事業を行う際は、自分が趣味として好きなジャンルでないと、マニアの気持ちがつかめないことがある。趣味でもないのに始める場合にはよく検討して欲しい。

プロやセミプロを目指して仕事の腕を磨く

将来の布石として、会社の収入だけに依存せず、自力で収入を得られるように、自分に投資して専門性を身につける視点だ。

〈評価表（評価は1～5で表示）〉

●難易度　3～5
●経費度　2～5

●知性度　2〜5

・趣味の盆栽と英会話を生かし、イギリスなどヨーロッパで盆栽教室を開催する

・身体に良い素材だけを使った子供（あるいはお年寄り）のおやつレシピをつくり、子供（あるいはお年寄り）のおやつ専門家を目指す

・囲碁・将棋の趣味を生かして、過去の名勝負とその解説をブログに上げていく。ファンがついたら、会員制度にして棋士を招いてイベントを行うなど趣味の人たちの集いの場をつくる

・食べ歩きを重ねながら料理教室に通い、クックパッドやレシピブログなどレシピサイトなどへの入賞を目指し、評価を受けられるように取り組む

・スケッチやイラストの腕を磨き、作家や専門家に直接コンタクトを取り、挿し絵などの仕事を受けられるように働きかける

こうした仕事でそれなりの収入をコンスタントに得るためには、受注を待つのではなく自分から売り込みを掛けて、依頼主を見つけることが欠かせない。

・お洒落に自信のある人なら、中高年男性のための「モテる」ファッションコーディネートを解説するサイトやブログを立て、通販サイトに拡張していく

・中高年の人たちに楽器を教える。その様子をユーチューブで公開して顧客を増やす

・個人指導の声楽教室を開きながら、その様子をユーチューブに公開して顧客を

増やす

・全国の母親の手料理のレシピを集めて、家庭料理専門の料理家を目指す

・手軽な価格の家飲みワイン（日本酒や焼酎、リキュールなどもある）専門のソムリエになり、家飲みワインのブログを立ち上げ、その専門家を目指す

・会社でしている現在の仕事のスキルを向上させ、専門家を目指す

販売業務なら販売士資格、経理なら税理士資格の取得を通じて、専門性を高める。総務なら社会保険労務士や人事総務検定などを通じてノウハウを身につける。資格を取得しただけでは仕事は見つからないから、どこかの会社で副業やアルバイトとして働かせてもらい、実務能力を高めていこう。

・経営コンサルタントを目指す

どの分野でも「ノウハウ」の蓄積だけでなく、「集客方法」や「クライアントの開拓方法」を研究して実践できるようにする。また過去に経験した知識の切り売りでは、すぐに通用しなくなるから、向上心のない人には向いていない。

・書道の腕を磨いて、書道コンクールの入選を目指す

ホテルや宴会場の名札や会場サイン・会場の看板などの文字書きも近年はパソコンによる筆耕文字が存在するため、パソコンにできない仕事を見つけよう。

・親を介護したノウハウをブログに掲載し、書籍が出せるようになるまで継続して情報を発信する

・アナウンサー学校に通ってナレーターとしての魅力を高め、子供に児童書や絵

本などを読み聞かせる人になり、ネット上でコンテンツを販売できるようにする

最終ゴールは「読み聞かせＣＤ（コンテンツはダウンロード販売するなど形式は多様だ）集」の発売だ。

定年退職後に雇ってくれる仕事や会社を探す

定年退職後に雇ってくれる企業を普通に探そうとしても、良い条件の仕事はなかなか見つからない。定年後に仕事を探すのではなく、現役時代から後半戦のために就職先や自分でできる仕事を見つけるように行動を起こそう。

会社勤めの人は関係先やネットワークが限られているので、会社オーナーや自営業の人たちと積極的に関わりを持ち、就職先や新たな仕事に出合うチャンスを自らつくるように心掛ける。

高齢者を対象にした仕事は、単純労働（交通整理や警備員、管理員など労務の提供が中心）が多くなる。こういう仕事が嫌なら、自分をどこかの企業に売り込めるスキルが不可欠だ。また自分でビジネスを始めようと考えるなら、前もって周到に準備しておこう。

〈評価表（評価は1～5で表示）〉

●難易度　3～5
●経費度　1～5
●知性度　1～5

・高齢者向け早朝勤務のある企業で働く

仕事を探す際に、前半戦の概念にする9時から17時の勤務時間に縛られず、若者たちが苦手な早朝勤務の仕事を探してみる。人手不足に悩む中小企業では、早朝勤務でしかも短時間勤務の制度を導入している企業がある。

（例）金沢市にある食品製造業の「株式会社オハラ」
住所　石川県金沢市柳橋町甲14－1
TEL　076－288－6572（代）
http://www.ohr.co.jp

・高齢者事業団のシルバー人材センターに登録する

シルバー人材センターの趣旨に賛同し、原則60歳以上の健康で働く意欲のある人なら、登録すれば仕事を紹介してもらえる。提供される主な仕事としては、

・パソコン指導・パソコン入力・翻訳・通訳・庭木などの剪定・大工仕事・経理事務・宛名書き・配達・集配集金・家事サービス（掃除、洗濯、留守番など）・育児サービス（子守、送迎）

など多彩だ。

一定した収入（配分金）の保障はなく、収入は全国平均で月8～10日就業した

場合、月額3～5万円程度だ。希望の仕事が常にあるとは限らず、就業日数の保障がないことを踏まえておこう。詳しくは近くのシルバー人材センターへ問い合わせて欲しい。

フルタイムでなくてもお金が入るフリーランスを目指す

専門性があり、自分を売り込む営業能力を持っている人（この能力が多くの専門家には欠けている）なら、フリーランスの専門家を目指す方法がある。会社勤めと違い安定した収入の保障はないから、専門性を磨きながら、営業活動にも取り組む。

〈評価表（評価は1～5で表示）〉

●難易度　3～5

●経費度　2〜5
●知性度　2〜5

クラウドワークスやランサーズといったクラウドソーシングによってフリーランスの仕事探しをする人の多くは、「副収入を得る手段」と考えていることが多く、仕事の依頼主からは「素人に安く仕事を依頼する手段」になってしまう。登録する人の多くが「副収入」を目的にクラウドソーシングを利用しているため、仕事の単価は「副収入に見合った安い値段」になっている。副業として利用するならともかく、本業として利用するにはよほど専門性が高い人でないとこれだけで生活するのは難しい。

仕事の依頼主を安易に見つけようと考える人は、アルバイト価格でしか仕事はもらえない。他人ができない仕事ができる力があるなら、自分のサイトを立て、SNSを駆使し、さらに営業活動に励みたい。

フリーランスになったばかりで実績がないと、住宅や車などのローンは金融機関の審査に通らず、新規のクレジットカードがつくれない場合もあるので注意しよう。会社勤めの時にこうした手続きは事前に済ませておく。

会社を退職してフリーランス（個人事業主）になる場合には、

①厚生年金から国民年金への切り替え　（窓口は市区町村役場）
②会社の健康保険から国民健康保険への切り替え　（窓口は市区町村役場）
③個人事業の開業届出書　（窓口は税務署）
④青色申告承認申請書　（窓口は税務署）

を忘れずに手続きする。

国民年金だけでは老後が不安なら、「国民年金基金」に加入することも考える。加入すれば国民年金に上乗せした受給額になる。

・企業の社内報やホームページのライターになる

広報活動の経験があり文章執筆の力がある人なら、特定の企業と契約して社内報や企業ホームページの編集者・ライターを目指す方法がある。

実力と売上規模のある中小企業であっても広報部門を持たず、社内報や企業ホームページを総務部門の兼務にしていたり、外注したりするところが多い。こうした企業と月額契約を結び、ホームページの編集や社内報のライターとして仕事をする。企業の規模がそれなりなのに、ホームページのつくり方が遅れている企業や社内報が旧態依然とした企業を見つけたら企画書をつくり、直接アプローチしてみよう。

・ネット通販専門のカメラマンを目指す

近年企業の規模にかかわらずインターネットを使った通販サイトを持つことが一般化した。衣料品のようにシーズン毎に新商品が登場するアパレルメーカーや商品アイテム数が多い小売業などでは、シーズン毎に商品撮影の手間が掛かる。大手企業なら専門部門があるが、中小企業では社員が撮影しているところも多く、画像の質が低いことがよくある。

写真撮影の技術が優れているなら、こうした企業に働き掛けて、ネット通販専門のカメラマンとして契約する方法がある。ギャラの決め方は、「画像の点数毎に1点いくらにする方法」や「撮影点数にかかわらず1日拘束料にする方法」がある。できるだけ長い契約にした方がメリットは大きいから、長期契約割引（例えば年間契約なら20％割引にする）なども考える。

・掃除のプロになり、法人契約を結ぶ

大企業のオフィスなら清掃会社と契約して掃除を外注するが、中小企業の場合には社員が掃除していることも多い。清掃に対して対価を支払う意識の高い経営者がいる法人に対して、オフィスや店舗の清掃を請け負うプロを目指す。

中小企業の掃除を請け負う法人は零細事業者が多く、掃除道具にも投資せず、清掃知識も乏しいところが多い。こうした点を踏まえて、清掃の価値を高めたスキルを身につけ、プロ用の機器を使って専門性をアピールする。

・企業の広告サイトや商品サイトのイラストレーターや漫画家を目指す

通常のイラストレーターや漫画家はよほど実力と営業力がないと食べてはいけないが、仕事をする領域を絞り込めば可能性が出てくる。画像よりもイラストで説明した方がわかり易い商品やサービスを扱う企業に対して営業をかけ、広告サイトや商品サイトのイラストや漫画の制作を請け負う。

ただし単発受注では収入が変動するので、頻繁にイラストや漫画を変更する必要がある企業との契約を目指そう。出版社から仕事を受注しようと考えると、競争相手が多く、ギャラが値切られることを覚悟しておこう。

・大人のためのユーチューバーやインスタグラマーを目指す

ユーチューブやインスタグラムで数多くの「いいね」やフォロワーがいる人なら、ユーチューバーやインスタグラマーを目指す視点もある。SNSで注目されると、仕事の領域は広がるが、難易度は非常に高く、持続性や継続性のリスクに絶えずさらされる。この世界は若者が多いので、中高年を対象にしたコンテンツなら競争相手は少なく、頭角を現せる可能性がある。

・電話やメールで、人を元気づけてくれるプロになる

男性なら女性が、女性なら女性か男性かが選べ、電話やメールで悩みごとや辛いことを聞いてくれ、必ず元気づけてくれるプロを目指す。結婚していないシングルや働く女性が増え、悩みを抱え、あるいは仕事でスランプに陥っている人の「聞き役」に徹し、「元気づける人」になる。会員制にして、相談件数により課金する。バーチャルだけでなく、需要があればリアルの場も検討する。

このほか、ひとり住まいの高齢者の話し相手など、寂しい心を満たす需要はある。

人から感謝されてお金（お小遣い）が入るビジネスを始める

ありそうで、世の中にまだない仕事をつくり、営業して、対価をもらう。

〈評価表（評価は1～5で表示）〉
●難易度　3～5
●経費度　2～5
●知性度　3～5

・病院への送迎アテンドサービス

定期的に病院を利用している高齢者にアテンドして、送迎と病院での各種手続きや支払いを行うアテンドサービスを行う。

　経済的に恵まれた高齢者を対象に、トヨタ自動車が販売している福祉車両「ウェルキャブ」などを入手して事業申請すれば、介護タクシーとは住み分けができるサービスになるはずだ。

・ボランティアとしてシングルマザーやシングルファーザーの子供のために学習塾や遊びの塾、子供食堂を主宰する

　経済的に困窮しやすく、高等教育の機会が限られ、負の連鎖につながりやすいシングルマザーやシングルファーザーの子供たちのために、ボランティアで学習塾や遊びの塾、子供食堂を主宰する。

　協賛してくれる企業を数多く募り、

・空きスペースの提供

・賞味期限が近づいた食品の定期的な提供

・子供新聞や雑誌、書籍の無償提供
・給付型奨学金（返済が不要の奨学金）制度への協賛
・就職先としての協力
・定年退職者の再雇用先としての斡旋

などを働き掛けていく。

・子育てが終わった料理上手な女性による花嫁用家庭料理教室の主催者になる

世の中に料理教室は山ほどあるが、男性が何より好きな「母親の味」や「家庭料理」を専門に教える家庭料理教室を主催する。教室と共にサイトを立ち上げ、ファンを増やす取り組みも並行して実践する。

一生できる仕事を主体的に持とう

会社勤めの人にとって仕事とは、その多くが与えられた仕事で、そこに主体性が発揮されなければ、仕事はつまらなくなり、苦役になる。

仕事とは会社から与えられるもので、給料は給料日にもらえるものだと思い込んでいた人は、定年後に辛い思いをする。ＡＩやロボットの登場で、単純作業は人間がする仕事ではなくなり、どんどん代替されていく。「時給で働く」仕事の多くは消滅していくだろう。そうなった時、自分はどんな仕事ができるのか、今から考えておこう。

自分の給与は自分の手で稼ぐという自覚を持って仕事をしてきた人なら、会社から与えられた仕事だけでなく、新たな仕事や生きがいを見つけられるはずだ。自ら仕事を見出すことに躊躇せず、世の中と接して行動できれば、引く手あまたになるだろう。

「ウチで働いてくれませんか」「ぜひあなたを我が社に迎えたい」「一緒に仕事をしませんか」。そういってもらえるようになったら、最高だ。

ユニ・チャーム、ロート製薬、コニカミノルタ、レノボ・ジャパン、アサヒグループホールディングス、リクルートホールディングス、エイチ・アイ・エス、アクセンチュア、丸紅、新生銀行、カブドットコム証券、日産自動車、セガサミーホールディングス、ソフトバンク、ディー・エヌ・エー（DeNA）といった大企業がサラリーマンの副業を認め始めた。ビジネスパーソンは自分にできる仕事を見つけ、そして主体的に自らが取り組める仕事に出合える時代の始まりだ。

会社以外に僅かでもお金が入れば、意気込みが変わり、自分にも自信が持てる。社会から求められている仕事をすれば、対価がもらえる。

会社の看板でなく、自分という名の看板で仕事ができる。

このように考えて、活路を見出そう。

仕事を持つ女性も同じ道を歩む

男性に限らず仕事を持つ女性にも、こうした視点は共通している。自分が仕事をして収入を得ていたから、好きな化粧品や洋服を自由に買うことができ、友人との外食も気軽にできた。だが仕事を辞めて人生の後半戦を過ごすとなれば、多くの女性が夫とふたりで暮らすか、単身者ならひとりで過ごすことになる（子供との同居や仲の良い友人と暮らす人もいるだろうが）。退職金の目減りを気にしながら、長く生きていくのは精神的に辛い。

「仕事を選ぶということは、人生を選ぶことだ」といわれるように、食べるためにしかたなく仕事をするのではなく、有意義な人生を過ごすためにはどうすればいいのか。そう考え、後半戦のために今日できることから行動に移そう。

自分が生きた証し、そのひとつが仕事の成果だ。仕事が苦役で終われば、自分の一生は苦役に生きたことになる。再び生を受けたら、もう一度同じ人生を歩みたい。そう思える人生なら、自分が存在した最高の証しになる。

自分の人生は自分で決める

女性は男性よりも時間の過ごし方が上手だ。友人と時間を共有し、趣味に生きることもできる。男性は会社への依存度が高く、交友関係は狭く深いことが多い。自由時間にスマートフォンでゲームをするのも、ネットカフェで時間を過ごすことも、誰も批判などしないし、できない。人間はいつも生産活動をするわけではなく、時間を消費することも必要だ。

その一方で、時間を浪費するだけで、自分の人生を終えるのは勿体無いという考え方もある。定年後、燃え尽きたようになってしまう人を誰も批判はできない。その人にとって人生の拠り所は会社だったからだ。無心に働いてきたから、定年後のことなど眼中になかったという人も多いだろう。

拠り所としての会社を失ったからといって、その人の存在価値がなくなるわけではない。

誰かに求められていると思えるから、人は仕事をする気概を感じる。

人の役に立っていると実感できるから、自分の存在価値が確かなものになる。

だからこそ、自分が納得できる時間（人生）を過ごすために、自分で自分の生き方を決めて欲しいと思う。


大人たちよ、若者たちのお手本（ロールモデル）になるような生き方を探そう。

おわりにかえて……相互に助け合う関係を築く

感謝の言葉を口にしない人に、家庭の居心地が悪いのは当然だ

私は妻が出産する際、立会い出産をした。妻が望んだからだ。陣痛が始まり病室で待機している時、苦しむ家内を傍で見ていても何もできずにいた。病室に雑誌があったので、目を通していた。看護師が様子を見にきて、「ご主人、何をしているんですか。苦しんでいる奥様の背中でもさすってあげてください」と注意され、慌ててさすった。

子供が産まれ、何年も経過したある時、「あなたは私がお産で苦しんでいる時に、雑誌を読んでいたのよね～」とつぶやいた。女性は嫌なことや辛いことがあるとその記憶は一生消えず、その原因を男性がつくっていれば、いつまでも責められることをこの時学んだ。

妻は自らの意思で仕事を辞め、専業主婦の道を選んだ。自分は働くので、家事と育児は妻に任せきりになった。それでもふたりの子供の入浴と就寝前の歯磨きは自分が担当し、食事も週の半分以上は家族と一緒にとることを心掛けて実践した。だが今思い返せば、いかに妻の育児が大変だったかと猛省する。

育児は仕事より大変だ。

・乳児は口がきけないので、何を望んでいるかがわからず、対応が遅れると泣き叫ぶ
・親に協力する意識など皆無
・社会性や協調性が身についていないので、親がゼロから教え、身につけさせる必要がある
・手間隙掛けてつくった食事を子供に食べさせていたら、途中で眠ってしまい、しばらく起きず、就寝しようとすると起きる

・おむつが取れて手間が減ったと喜んでいたら、旅先や外食中に粗相をしてしまい、慌ててトイレで下着を洗うことになる
・子育ての手間が掛からなくなると、今度はお金が掛かるようになる

この程度は、子育てしていれば序の口だ。

会社で夫は部下に対して、いつもこう口にしている。

「指示を待つのでなく、相手の状況を見て、自発的に動け」

「アルバイトやパートタイマーを起用する時には、指示がないと動けないので、それを前提に行動しろ」

「仕事はOJTを通じて自主的に覚え、自分のマニュアルになるように必ずメモを取れ」

こうした指摘は、妻が夫に言いたい内容と見事に合致している。

多くの夫婦はお互いが恋愛し、一緒に暮らす道を選んだ。夫婦とはいえ、もともとは他人だったふたりだ。子供が生まれると、妻は夫よりも子供に手を掛け、面倒を見る。それは自分のＤＮＡを受け継いでいるからだ。子供が生まれる前には自分の面倒をよく見てくれていたのに、子供が生まれたら何もしてくれなくなったと、夫が感じることがある。だが夫はＤＮＡを受け継いでいない他人なのだから、当然だと考えるほかない。

妻の側からはこんな声が聞こえてくる。

「仕事をしながら育児と家事もこなす大変な状況を、私が口に出さなくても、家族ならわかって欲しい」

「私がいかに疲弊しているかを、夫は理解してくれない」

「どうして私ばかりに家事をさせるのか」

「私が大変なことは、見ればわかるはずなのに」

こうした状況が続くと夫婦共に不満が溜まり、ぶつかることになる。

・母親なんだから、子育てして当然だ

・家事や育児に何も協力せず家長のように振る舞うなら、夫はもっと収入を増やして家族を楽にさせて欲しい

・それは妻（夫）の仕事でしょ

こうした意識と言葉が夫婦の溝を深めていく。

夫婦はお互いに感謝の言葉を相手に掛けているか。

家族の記念日を互いに忘れずに祝っているか。

子育て以外のテーマで、夫婦の会話をするように心掛けているか。

「ありがとう」という言葉を互いに掛けない夫婦なら、家庭の居心地が悪くなって当然だ。妻や夫という前に、もともとふたりは他人だったことを忘れてはいけない。

大人であることが賞賛される成熟社会の一員を目指して

日本では「若いこと」が何より貴重で、青春時代が最高だったと懐かしむ声をよく聞く。いくら努力し、いかに装っても、人は加齢していく。過去を懐かしむだけで、現在と未来を楽しもうとしなくていいのかと考えてしまう。

中高年の男女に向けて「おっさん」や「おばさん」という言葉を使い、マナーが悪い中高年を、キレる年寄りとか暴走老人などと揶揄し、加齢していくことがさも悪いようにしたがる風潮がある。

マナーが悪くまた暴走する人間は、若者はもとよりどの世代にも存在する。個人差を世代差と同一視するのは誤りだ。あるとすれば、個人の品性と品格の差だ。

居心地の良い究極の場所。それは日本が本当の意味で成熟し、大人を尊敬し、大人を愛で、若者たちが早く大人になりたいと思える国になることだろう。

本書を手にしてくださった読者の方々が、日本が誇れる大人として、いつまでも活躍されることを著者として心から願っている。

酒井光雄

参考文献

80カ国の200万人以上を対象／幸福度　日本人は49歳が最も不幸／産経新聞・東京朝刊・2008年2月1日
http://www.sankei.co.jp/enak/2008/feb/kiji/01life_wealth.html

ビンボーでも幸せな人は、なぜ幸せなのか／米国発「ポジティブ心理学」が解明／慶應義塾大学大学院 教授 前野 隆司／PRESIDENT・2016年9月12日号
http://president.jp/articles/-/22327

臭う場所1位は〝夫の近く〟60・9%、夫婦の関係とニオイ問題／マンダム男と女のニオイ白書Vol.1／（株）マンダム・2014年1月28日
https://prtimes.jp/main/html/rd/p/000000018.000006496.html

世帯年収に最大140万円の差！ プライベートから仕事の場面まで常に夫をケ

アする「プロ妻」が31・3％！「ダンナケア」にみる夫の出世をサポートする良妻力のポイントは、〝ニオイケア〟／夫へのケア意識に関する調査／（株）マンダム2016年6月22日
https://prtimes.jp/main/html/rd/p/000000127.000006496.html

電通総研、「シニア×働く」調査を実施
●60代の「働きたい」人の3割は働いておらず、「働きたくない」人の4人に1人が働いている
●60代前半の平均手取月額は、男性24・9万円、女性11・9万円、60代後半は、男性18・8万円、女性11・1万円／株式会社電通・2015年7月2日
http://www.dentsu.co.jp/news/release/pdf-cms/2015074-0702.pdf

飲食店経営に手を出して地獄を見る人の「三つの共通点」／現代ビジネスプレミアム・2017年9月20日
http://gendai.ismedia.jp/articles/-/5285

●著者プロフィール
酒井光雄（さかい・みつお）
学習院大学法学部卒業。日本経済新聞社が実施した「企業に最も評価されるコンサルタント会社ベスト20」に選ばれた実績を持つ。プレジデント社のウェブサイト「社長の参謀」全体のアドバイザーを務めながら、「社長の参謀」の連載コラムも執筆し、その鋭い分析に多くのファンがついている。日経 BP 社が主催する日経 BP Marketing Awards（旧名称・日経 BP 広告賞）の審査委員も長年務める。著書に『全史 × 成功事例で読む「マーケティング」大全』（かんき出版）、監修に『図解＆事例で学ぶマーケティングの教科書』（マイナビ出版）など多数。

マイナビ新書

男の居場所

2018 年 8 月 30 日　初版第 1 刷発行

著　者　酒井光雄
発行者　滝口直樹
発行所　株式会社マイナビ出版
〒 101-0003　東京都千代田区一ツ橋 2-6-3　一ツ橋ビル 2F
TEL 0480-38-6872（注文専用ダイヤル）
TEL 03-3556-2731（販売部）
TEL 03-3556-2735（編集部）
E-Mail pc-books@mynavi.jp（質問用）
URL http://book.mynavi.jp/

装幀　小口翔平＋山之口正和（tobufune）
DTP　富宗治
印刷・製本　図書印刷株式会社

　ISBN978-4-8399-6687-4

Printed in Japan

「マイナビ新書」リニューアル！
「健康・生きがい・お金」をテーマに
新刊４点を発売

奨励会 ～将棋プロ棋士への細い道～

「元奨」が語る
プロ棋士養成機関「奨励会」の実像

著者：橋本長道

ISBN978-4-8399-6691-1

内容：

「どうすればプロ棋士になれるのか？」

本書はプロ棋士養成機関「奨励会」の実像を描くことで、その問いに答えるものです。

プロ棋士という職業が多大な労力を払ってでも目指す価値のあるものかどうか、という問題から始まり、奨励会の制度、戦い方、勉強法が元奨励会員である著者本人の述懐を交えて語られます。

プロ棋士養成機関「奨励会」とはどんな場所か？ どのくらい強ければプロ棋士になれるのか？ 奨励会員の日常とは？ 重要なのは努力か？ 才能か？ 夢破れた退会者のその後は？ そこは青春を捧げる価値のあるところか？

天才少年、天才少女が淘汰される奨励会という沼でもがき苦しんだ姿がそこにはあります。

将棋界に現れた超新星・藤井聡太ですら６連敗を喫したこともある奨励会。

その世界を本書でぜひ覗いてみてください。

戦国武将が愛した名湯・秘湯

温泉選びは、戦国武将で選べば
間違いなし！

著者：岩本薫

ISBN978-4-8399-6686-7

内容：

戦国武将は、日々命がけで戦い、生傷が絶えませんでした。

近くに病院も薬局もない時代に、代わりを務めたのが“温泉”です。

温泉は戦国武将にとっての野戦病院であり、活力を養う安息所だったのです。

戦国武将が浸かっていた温泉は、彼らの身体を癒やし、治癒してきた本物の湯です。

だから温泉は、戦国武将で選べば間違いありません！

そして、戦国時代は極めつけの乱世だったからこそ、戦国武将が愛した温泉には、さまざまなドラマがつまっています。

そんな数々のドラマに思いを馳せながら、戦国武将のゆかりの温泉を、歴史的なエピソードとともに紹介します。

戦国武将たちのドラマに満ちた温泉の世界へ旅立ちましょう！

好きなことだけして 楽をしながら起業しよう

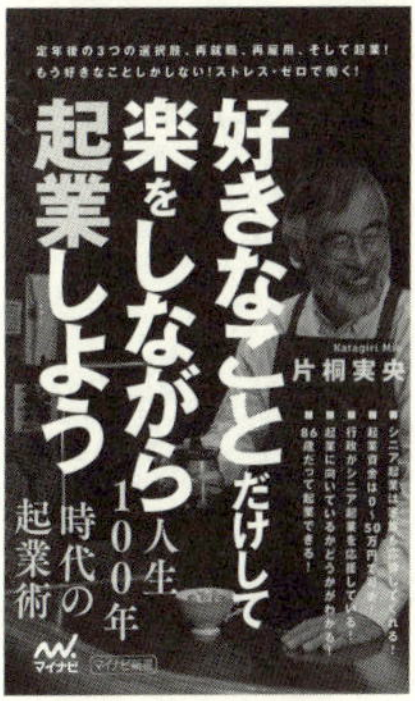

人生100年時代の起業術！

著者：片桐実央

ISBN978-4-8399-6683-6

内容：

「人生100年時代」と言われる昨今、さまざまな理由から、定年後もまだまだ働きたい人がたくさんします。

再雇用や再就職もひとつの手でしょうが、ここは一念発起して起業しませんか？

自分の本当にやりたかった仕事、夢だった仕事を実現するのはいかがでしょうか？

いまそんな50～60代の起業が増えていて、そのハードルは以前より低くなり、行政の支援なども始まっています。

とはいえ、長年の会社経験があっても、独立するための知識やノウハウは足りなかったりします。

本書では、50～60代を中心に起業を志す人のために、成功する企業、失敗する起業のポイントを中心に解説します。

あなたの寿命は食事が決める！

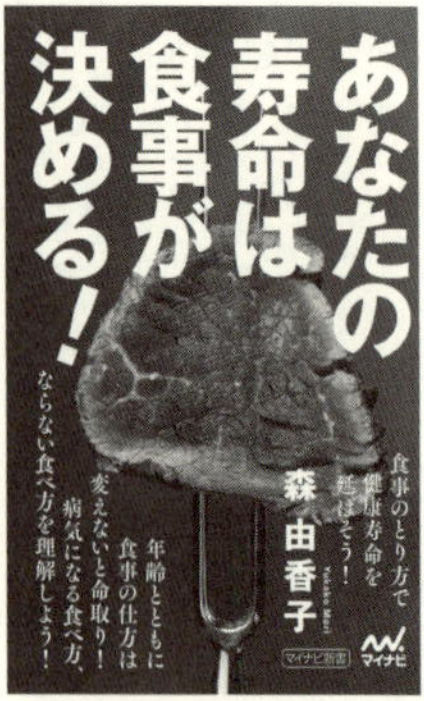

毎日の食事のとり方次第で、
健康寿命は延ばせます！

著者：森由香子

ISBN978-4-8399-6685-0

内容：

人生100年時代に必要な健康寿命が気になる昨今。

見た目や健康が気になり、フィットネスジムに通う人も増えています。

その一方で、食生活に対して気を配る意識は、まだまだ足りていないのが現状です。

年齢とともに、食事の仕方を変える必要があります！

本書では、病気になる食べ方、ならない食べ方、寿命を延ばす食べ方、縮める食べ方について解説します。

本書を読んで、健康寿命を延ばしましょう！